Mette Østman

Gefilzte Stiefel

-eine ausführliche Anleitung

e-Filt

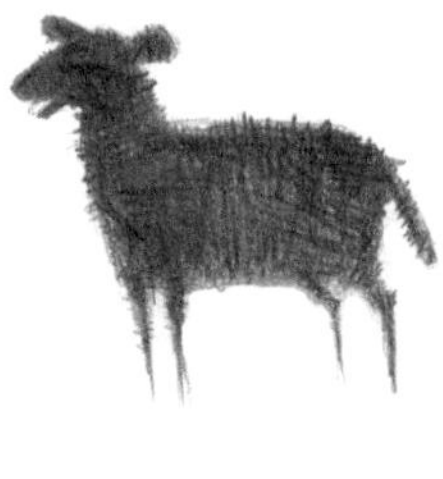

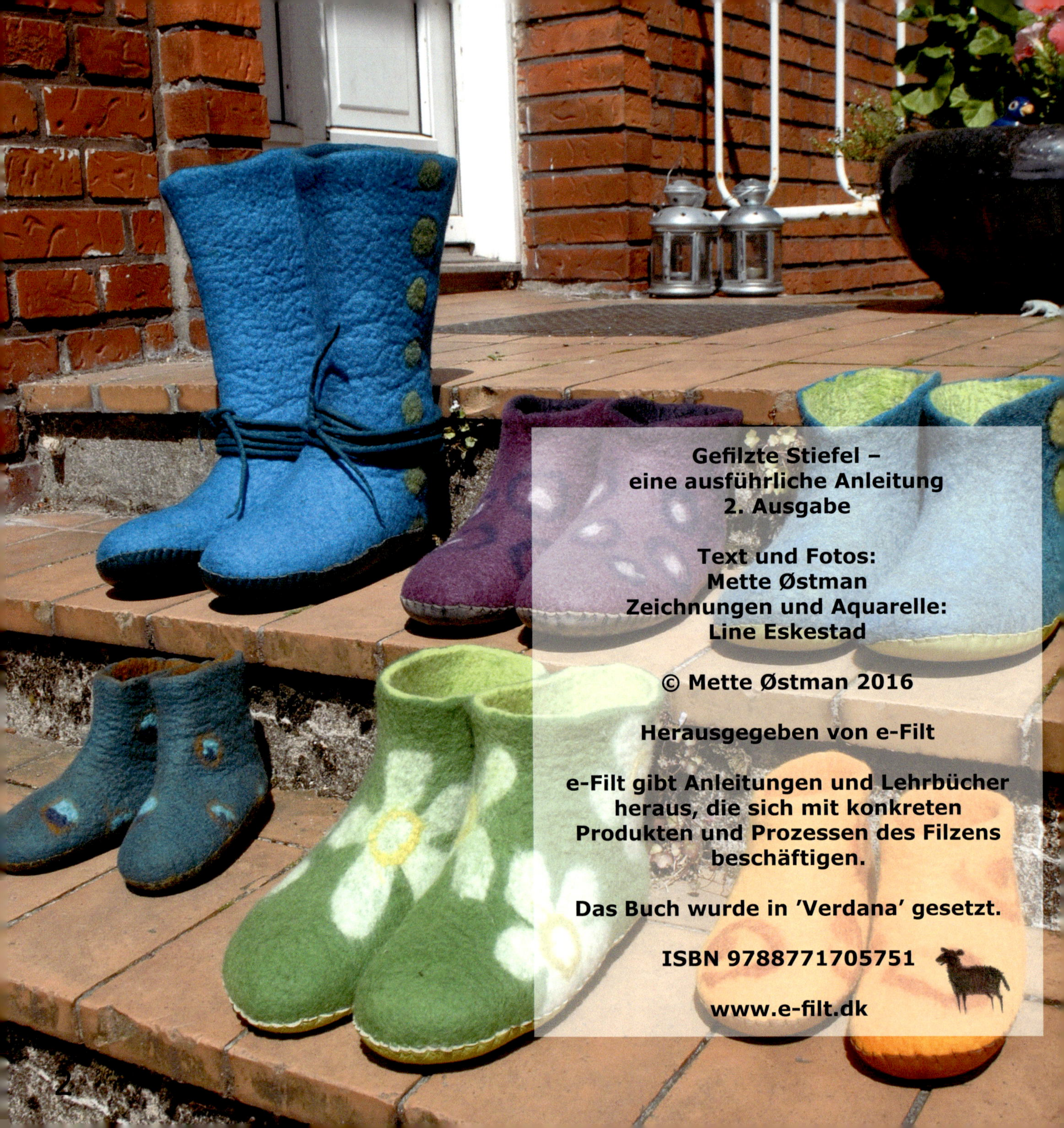

**Gefilzte Stiefel –
eine ausführliche Anleitung
2. Ausgabe**

**Text und Fotos:
Mette Østman
Zeichnungen und Aquarelle:
Line Eskestad**

Herausgegeben von e-Filt

e-Filt gibt Anleitungen und Lehrbücher heraus, die sich mit konkreten Produkten und Prozessen des Filzens beschäftigen.

Das Buch wurde in 'Verdana' gesetzt.

ISBN 9788771705751

www.e-filt.dk

Inhaltsverzeichnis

Einleitung

Wolle ist ein Naturprodukt mit vielfältigen Eigenschaften: Sie ist weich, aber dennoch widerstandsfähig. Sie ist angenehm auf der Haut zu tragen und wärmt selbst wenn sie nass ist. Außerdem eignet sich Wolle hervorragend zum Filzen.

Filzen ist das älteste Textilhandwerk der Welt. Das arbeiten mit Filz hat etwas nahezu Magisches an sich. Dabei werden Wollfasern durch sog. 'Walken' in eine gewünschte Form zusammengefilzt.

Man sollte mit den Materialien und der Technik ein wenig vertraut sein, um beim Filzen gute Ergebnisse zu erzielen. Aber auch für Anfänger sind es die Ideen, deren Umsetzung und die Lust, selbst etwas herzustellen, die die Begeisterung für das Filzen ausmachen.

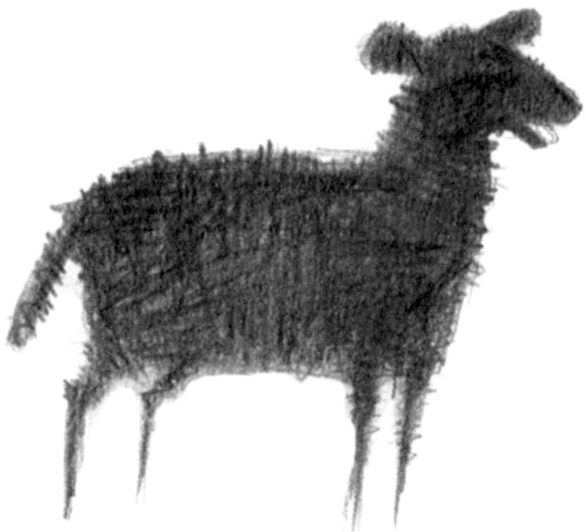

e-Filt nimmt zunächst die Inspiration als Ausgangspunkt und widmet sich den handwerklichen Kniffen an den entsprechenden Stellen im Verlaufe des Projektes.

Vom Niveau her ist das Buch sowohl für Anfänger geeignet, die hier ausführliche Filz-Anleitungen vorfinden, als auch für erfahrene FilzerInnen, denen das Buch als Inspiration dienen soll. Anfängern wird geraten, zunächst mit kleineren Projekten zu beginnen.

e-Filt wurde gemeinsam von Charlotte Buch und mir, Mette Østman, ins Leben gerufen. Wir haben beide langjährige Erfahrung im Filzen und unsere Arbeitsmethoden sowie die verschiedenen Designs beleuchten die vielen unterschiedlichen Aspekte dieses Handwerks.

Gemeinsam arbeiten wir weiter daran, Anleitungen und Ideen zu Filzprojekten für den Privatgebrauch, aber auch für den Unterricht, zu vermitteln.

Dank an...

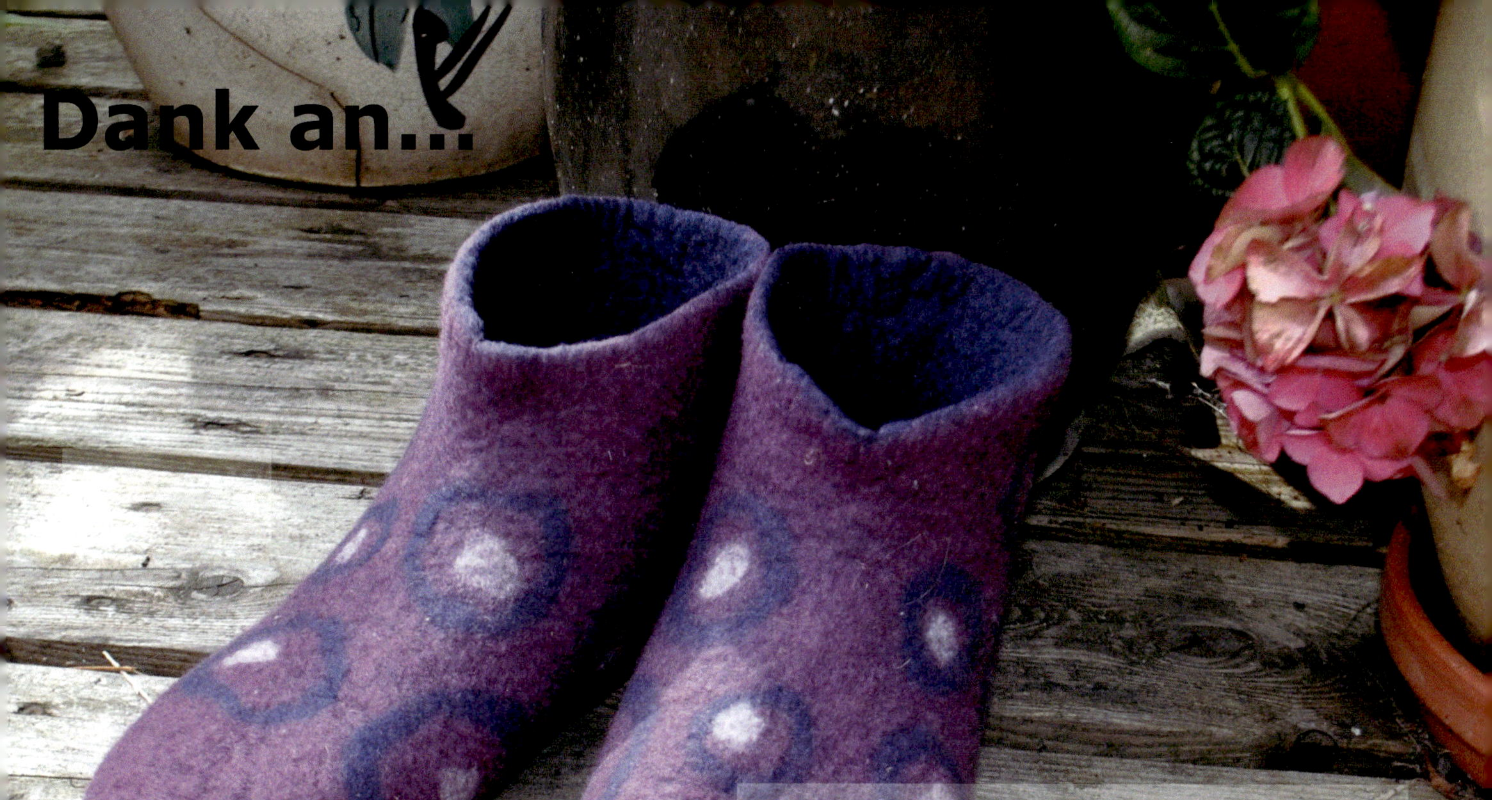

...Line Eskestad für die vielen guten Ideen und die wunderschönen Zeichnungen und Aquarelle, die sie angefertigt hat.

...Begitte Lynge Andersen, Britta Sletskov Bjerg und die mediengestalterische Werkstatt der 'Kulturmaskine' in Odense, die mir geduldig beigebracht haben, wie man mit InDesign arbeitet.

...Webdesignerin Danielle Mongrain aus Kanada, die mit ihren guten Ideen zum Layout des Buchs beigetragen hat.

...Pia Busk, die den Text aufmerksam gelesen und auf Verständlichkeit der Erklärungen getestet hat.

...die Filzgruppe des Unterstützungs- und Kontaktcenters der Alzheimergesellschaft in Odense, die mich dazu inspirierte, das Filzen weiterzuvermitteln, und die mir besonders zu Beginn dieses Projektes hilfreich zur Seite stand.

...Tom Salter und Ulrike Kipp Christensen, meine Freunde und (nun leider) früheren Nachbarn, die den Text ins Deutsche übersetzt haben.

...meine Familie, die mich voller Geduld unterstützt hat. Ich danke Euch!

Und zu guter Letzt: Danke an Charlotte Buch, mit der ich gemeinsam das Projekt e-Filt ins Leben gerufen habe.

Materialien und Hilfsmittel

Zum Filzen braucht man eigentlich nicht so viele Utensilien. Das Meiste findet man im eigenen Haushalt oder ist im Baumarkt erhältlich.

Als Unterlage benötigt man einen Tisch, der wasserunempfindlich ist. Man kann den Tisch auch mit Luftpolsterfolie oder Fußmatten aus dem Auto auslegen. Empfehlenswert ist, die Filzarbeiten im Stehen auszuführen. Hierbei ist es wichtig, dass man bequem und sicher am Arbeitsplatz steht.

Die Schablonen für die Stiefel bestimmen deren Form und Größe und halten gleichzeitig die Schichten voneinander getrennt. Die Schablonen sollten biegsam, stabil und wasserbeständig sein. Dafür eignen sich alte Iso- oder Fitnessmatten sowie Schaumfolie, die man sonstzur Trittschalldämmung verwendet.

Bewährt hat sich das Verwenden von Netzen, weil man mit deren Hilfe die Wolle so bearbeiten kann, dass keine Fasern verschoben werden. Außerdem kann man durch das Netz Wasser und Seife hinzufügen oder wieder entfernen. Es empfiehlt sich, zwei Netze zu verwenden, weil man mit deren Hilfe die Stiefel leichter umdrehen kann. Als Netze eignen sich im Baumarkt erhältliche Mückennetze, die dem Schutz offener Fenster dienen. Weiche Gardinen mit Netzstruktur lassen sich ebenfalls verwenden.

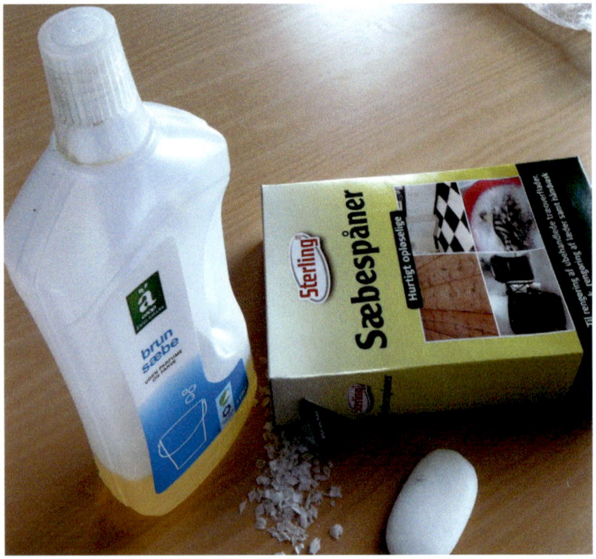

Bezüglich der Seife kann man auf viele verschiedene Sorten zurückgreifen: Flüssigseife, Schmierseife, Kernseife oder auch Handwaschseife. Die Seife dient als Schmiermittel, das die Oberfläche der Wolle geschmeidiger macht. Die Konzentration des Seifenwassers muss stark genug sein, damit die Wolle sich ohne viel Widerstand bearbeiten lässt, aber gleichzeitig auch nicht zu niedrig, weil die Fasern sonst nicht mehr ineinandergreifen.

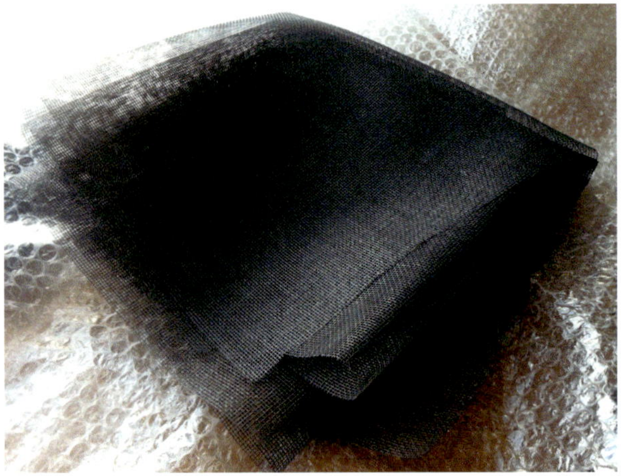

Zum gleichmäßigen Anfeuchten der Stiefel benötigt man eine Plastikflasche mit mehreren, kleinen Löchern im Deckel (die Löcher kann man mit einer heißen Stecknadel einstechen). Eine Gummiflasche, die zum Gießen von Bonsaibäumen gedacht ist, ist ebenso geeignet und über das Internet erhältlich.

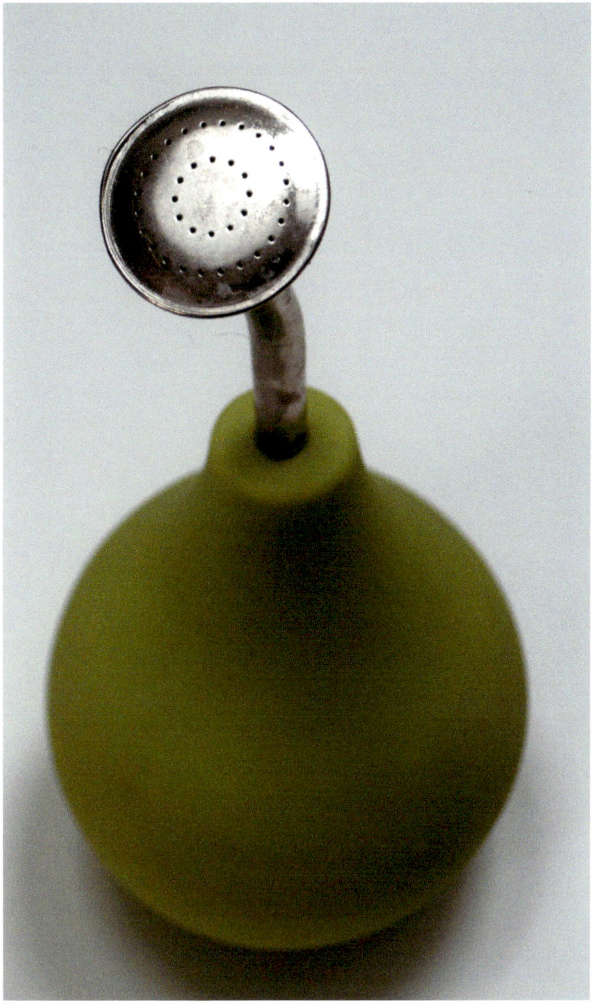

Als Rollmatten kann man entweder Bambus- oder Sushimatten verwenden, ebenso geeignet ist Luftpolsterfolie oder altes Bettzeug.

Das Rollen der Folie oder des Bettzeug ist effektiver, wenn man hierzu ein Nudel- oder Rundholz verwendet. Mit einem Holzlöffel wird der Filz letztlich in die richtige Form geschlagen.

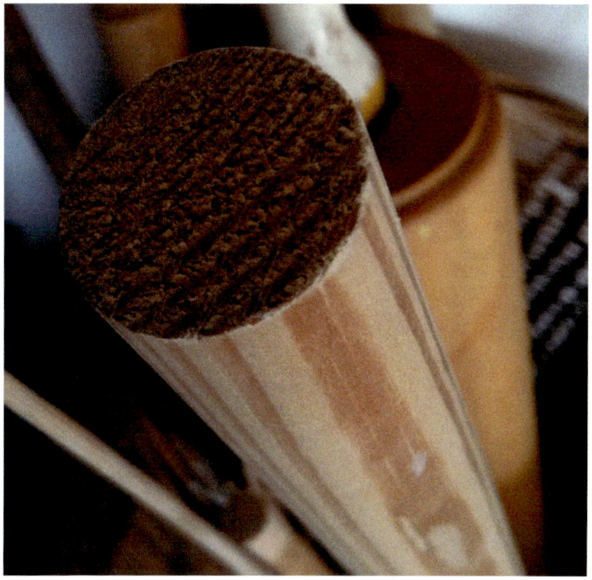

Mit Schuh-Rohlingen lässt sich die endgültige Form und Größe der Stiefel bestimmen. Die Rohlinge sind meist aus Styropor gefertigt und im Fachhandel oder im Internet erhältlich. Mit ein wenig Glück bekommt man die Rohlinge auch aus stabilerem Holz oder aus Kunststoff auf Flohmärkten oder in Secondhandläden. Alternativ kann man auch Gummistiefel verwenden, die eine Nummer zu klein sind. Es ist jedoch ratsam, die Stiefel direkt an die Füße anzupassen, da jeder Fuß anders geschnitten ist.

Wenn man zum Schluss die Seife gut ausgespült hat, kann man etwas Essig zum Spülwasser hinzufügen, um die Seifen- und Kalkreste zu neutralisieren

Schablone

Als Erstes muss man eine passende Schablone anfertigen. Diese definiert die Form und Größe der Stiefel und verhindert, dass die Wollschichten später zusammenfilzen.

- Der Umriss des Fußes wird auf die wasserbeständige Schablone aufgezeichnet.

- Zur Fußhöhe und der Einlaufzugabe muss folgendes dazuaddiert werden:

  1-2 cm bei Kinder-, 2-3 cm bei Damen- und 3-4 cm bei Herrengrößen.

- Im Anschluss wird die Knöchelmanschette aufgezeichnet. Die Breite entspricht etwa der halben Länge des Fußes

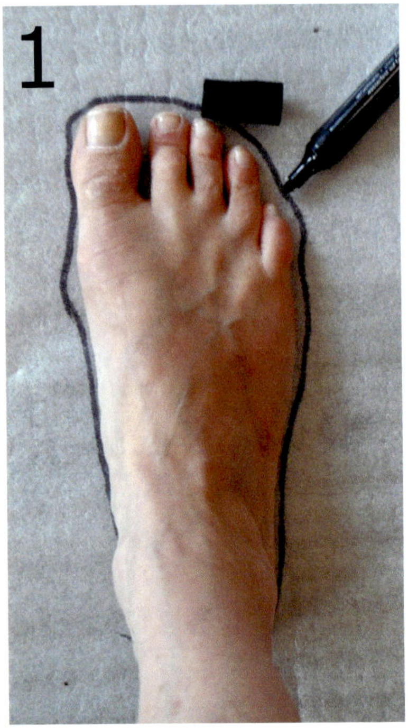

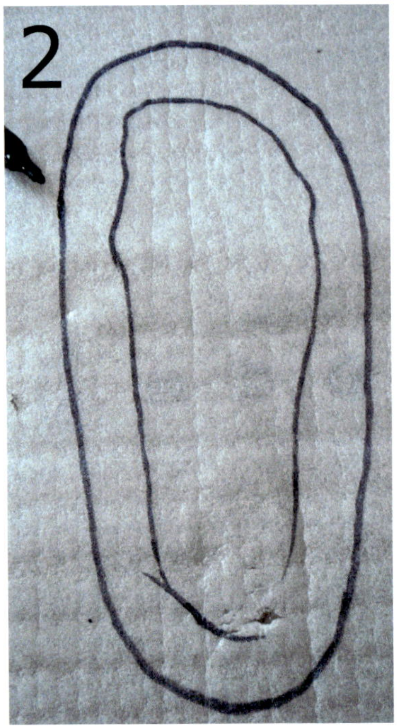

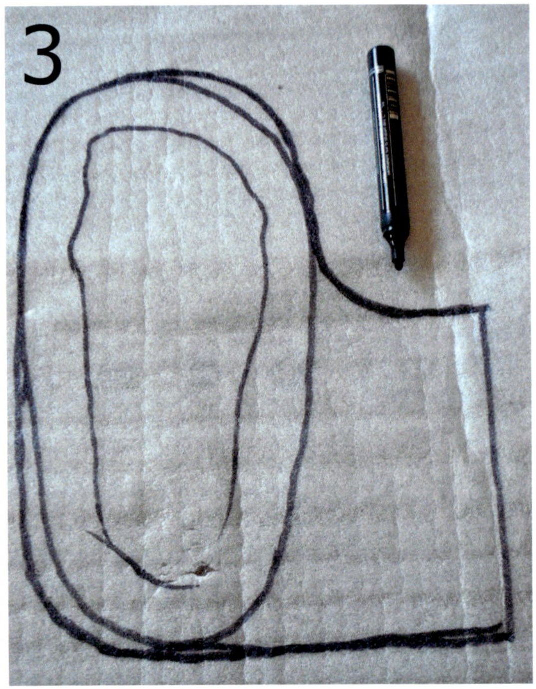

- Die Schablone wird entlang der oberen Kante der Manschette gefaltet, so dass sie doppelt liegt, und dann ausgeschnitten. Somit können beide Stiefel gleichzeitig gefilzt werden.

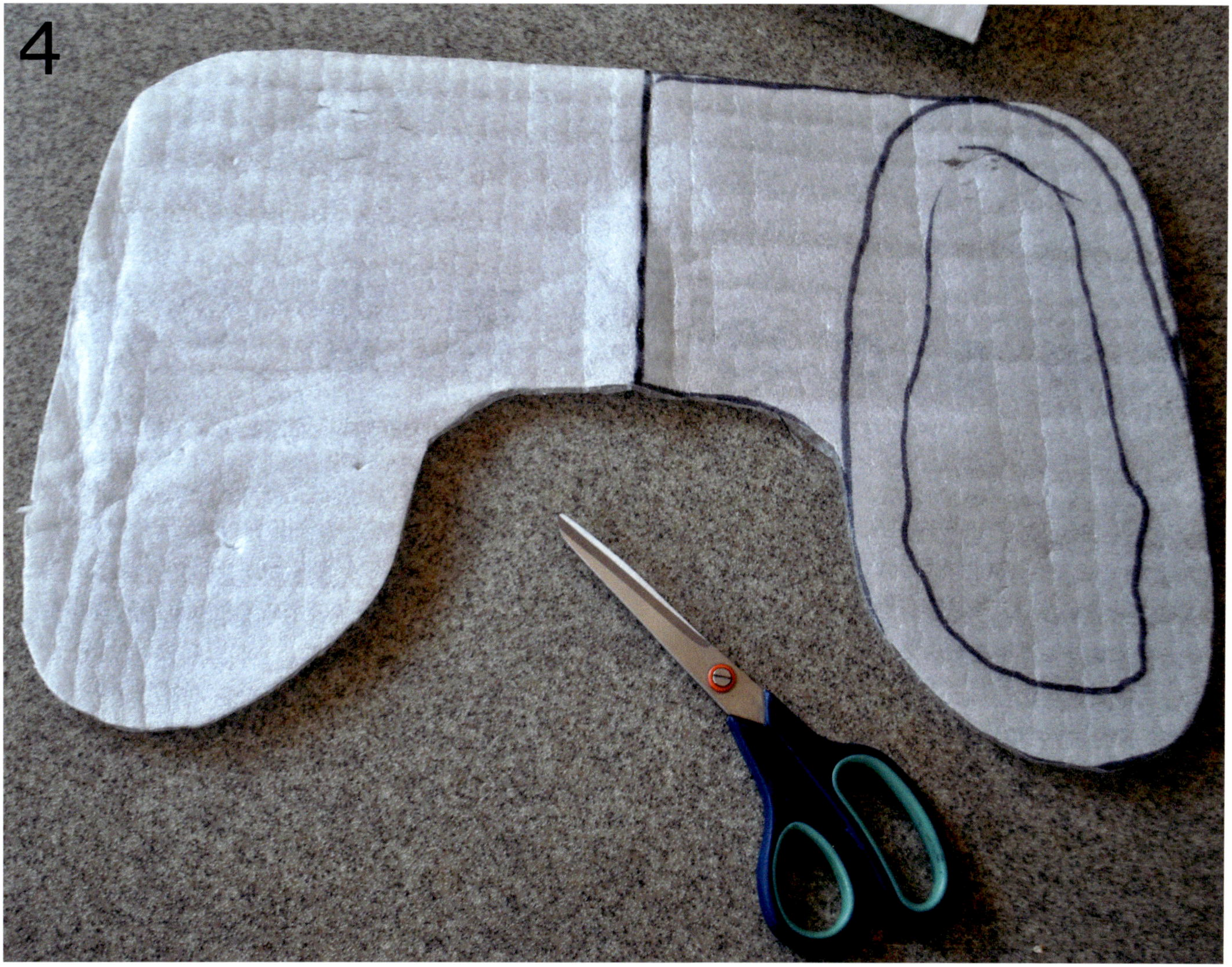

Wollsorten und -mengen

Am leichtesten findet man Wolle zum Filzen sowie Materialien für die Verzierungen im Fachhandel oder im Internet.

Es gibt mehrere verschiedene Wolltypen, die dafür geeignet sind, und für Stiefel muss es nicht sehr fein sein. Kardiertes Vlies oder gekämmte Wolle mit 21-23 Micronen eignen sich gut und sind zudem robust und widerstandsfähig.

Folgende Wollsorten sind für das Filzen empfehlenswert und können auch miteinander gemischt werden; Merino, Leicester, Gotlandwolle, Wolle vom Deutsche Bergschaf sowie norwegische C1-Wolle.

Für die Applikationen sollte man am besten auf Nadelfilz zurückgreifen, weil dieser durch Zuschnitt leicht in die erwünschte Form gebracht werden kann.

Der folgenden Tabelle kann man die Wollmengen für die verschiedenen Schuhgrößen entnehmen. Zu beachten ist, dass die Menge pro Schuh angegeben ist und dass die Wollmenge je nach Wollsorte und Höhe des Stiefels variieren kann.

Schuhgröße	Wollmenge pro Stiefel
18-19	15-20 g
20-21	20-25 g
22-23	25-30 g
24-25	30-35 g
26-27	35-40 g
28-29	40-45 g
30-31	45-55 g
32	55-65 g
33	60-70 g
34	65-75 g
35	70-80 g
36	80-90 g
37	90-105 g
38	100-115 g
39	110-125 g
40	120-135 g
41	130-145 g
42	135-155 g
43	140-160 g
44	145-165 g
45	150-170 g

Das Abwiegen der Wolle

Das Modell im Buch gezeigt entspricht der europäischen Schuhgröße 38.

Pro Stiefel werden 100g Wolle benötigt, insgesamt also 200g.

Oder anders gesagt:
Weil die Schablone für beide Stiefel an einem Stück ist, werden 100g Wolle auf jede Seite der Schablone gelegt, insgesamt auch 200g.

Für eventuelle Applikationen wird zusätzliche Wolle benötigt.

Die folgende Anleitung soll zeigen, wie man unterschiedliche Farben auf der Innen- und Außenseite des Stiefels anbringt. Dafür wird die Wolle in vier Teile aufgeteilt.

Auch, wenn man einfarbige Stiefel herstellen möchte, ist es empfehlenswert, die Wolle durch vier zu teilen, weil es dann einfacher ist, die Wolle gleichmäßig in mehreren dünnen Schichten aufeinander zu legen, anstatt in einer dicken Schicht.

Man kann die Wollmengen auch nummerieren:

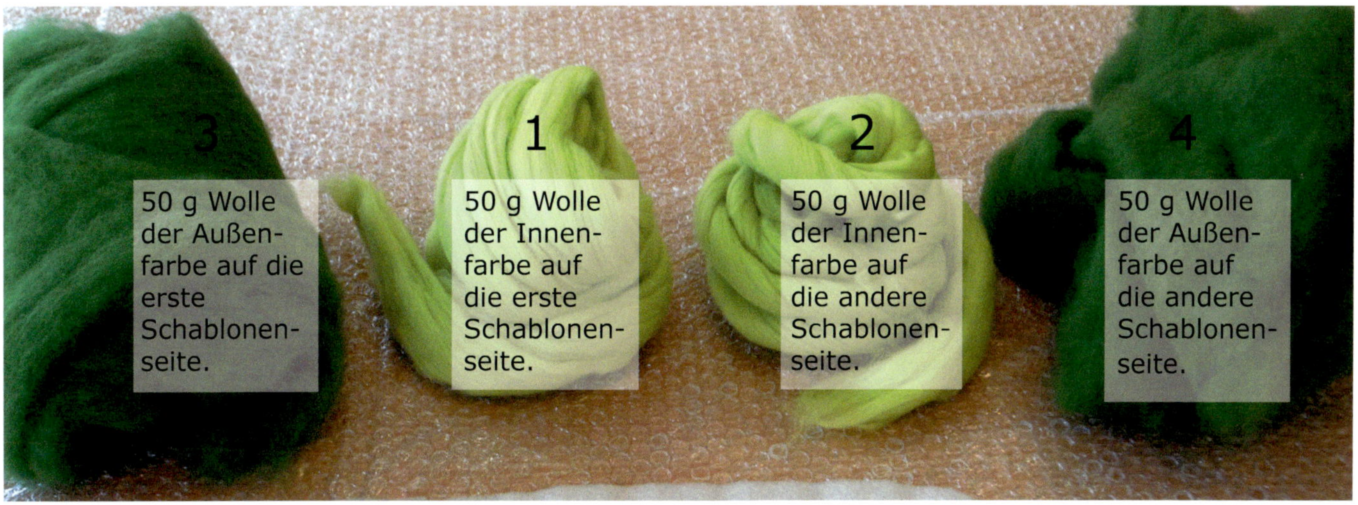

Aufbau der inneren Schicht

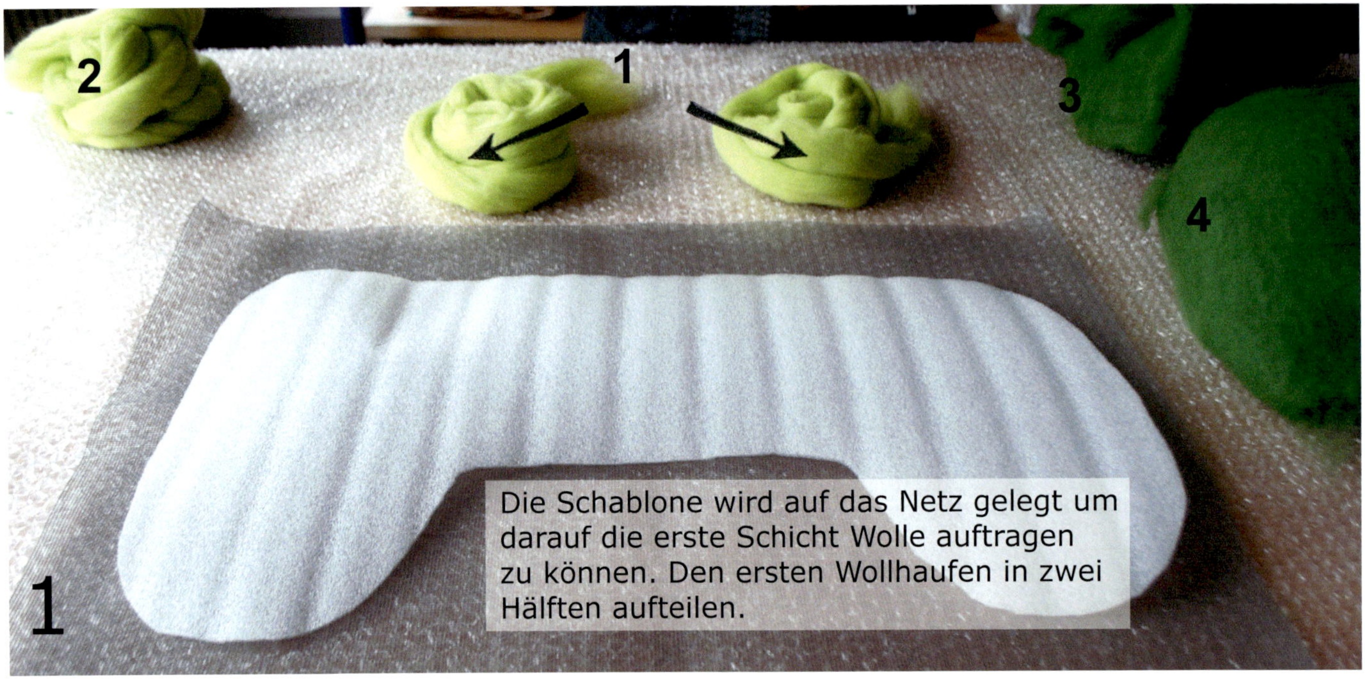

Die Schablone wird auf das Netz gelegt um darauf die erste Schicht Wolle auftragen zu können. Den ersten Wollhaufen in zwei Hälften aufteilen.

Im gezeigten Beispiel besteht die innere Schicht aus Merinotops. Das ist gekämmte Wolle, bei der die Fasern in dieselbe Richtung verlaufen.

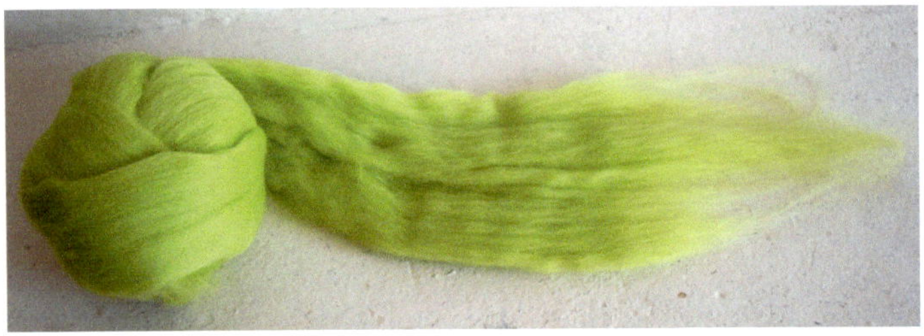

Um sie so gleichmäßig wie möglich zu verteilen, wird die Merinowolle vorsichtig auseinander-gezupft.

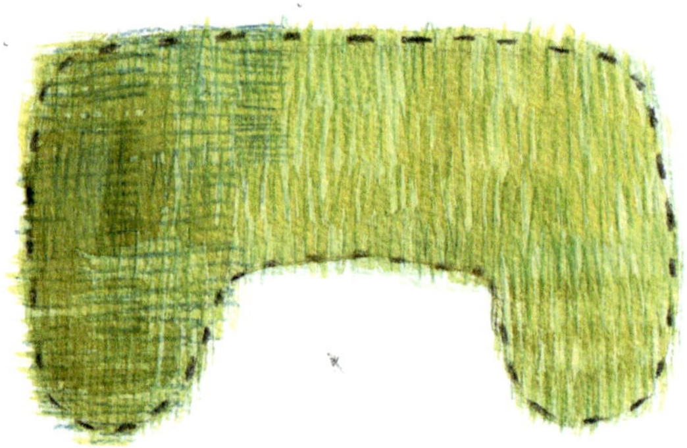

Die Wolle verfilzt am besten, wenn die Fasern über Kreuz aufeinandergelegt werden.

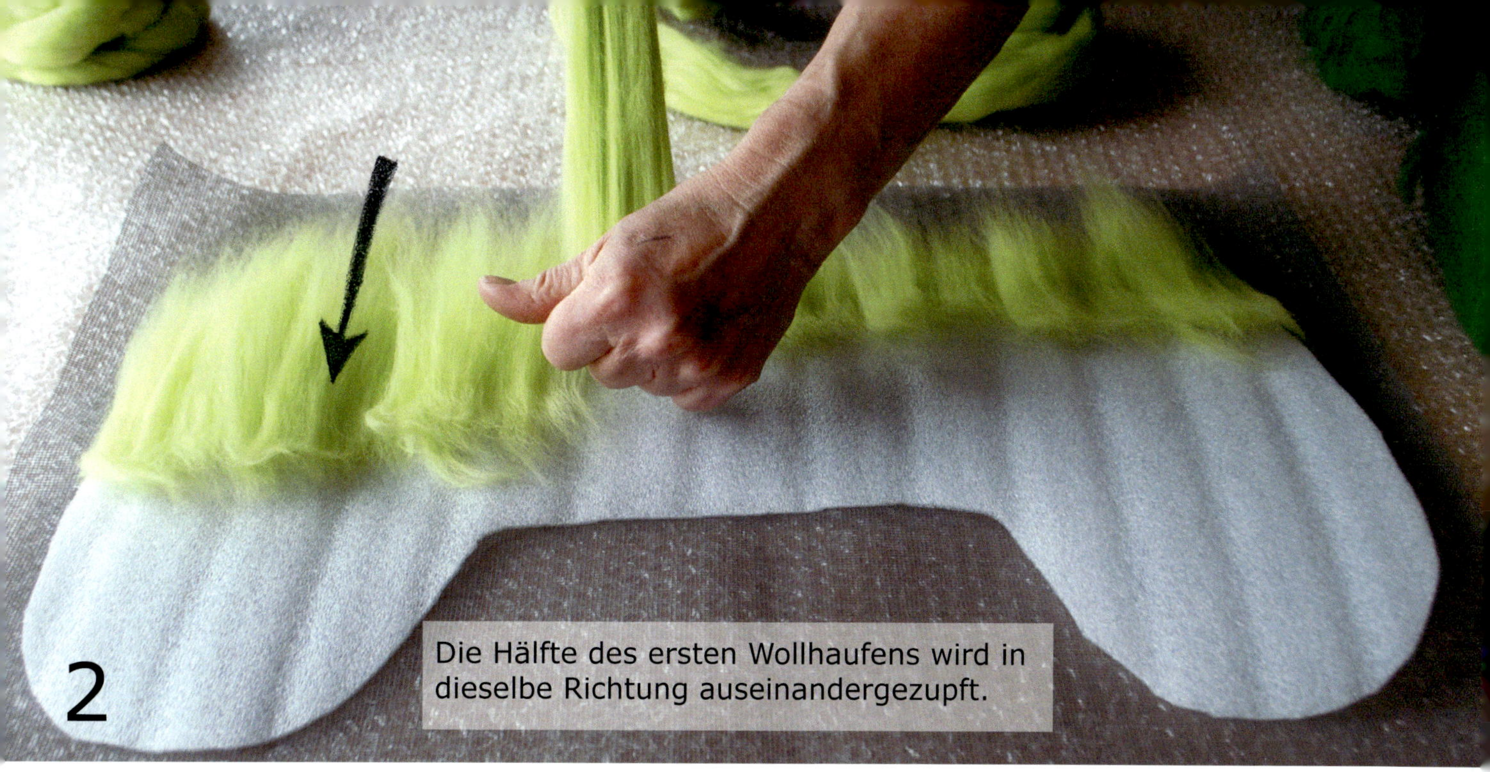

2

Die Hälfte des ersten Wollhaufens wird in dieselbe Richtung auseinandergezupft.

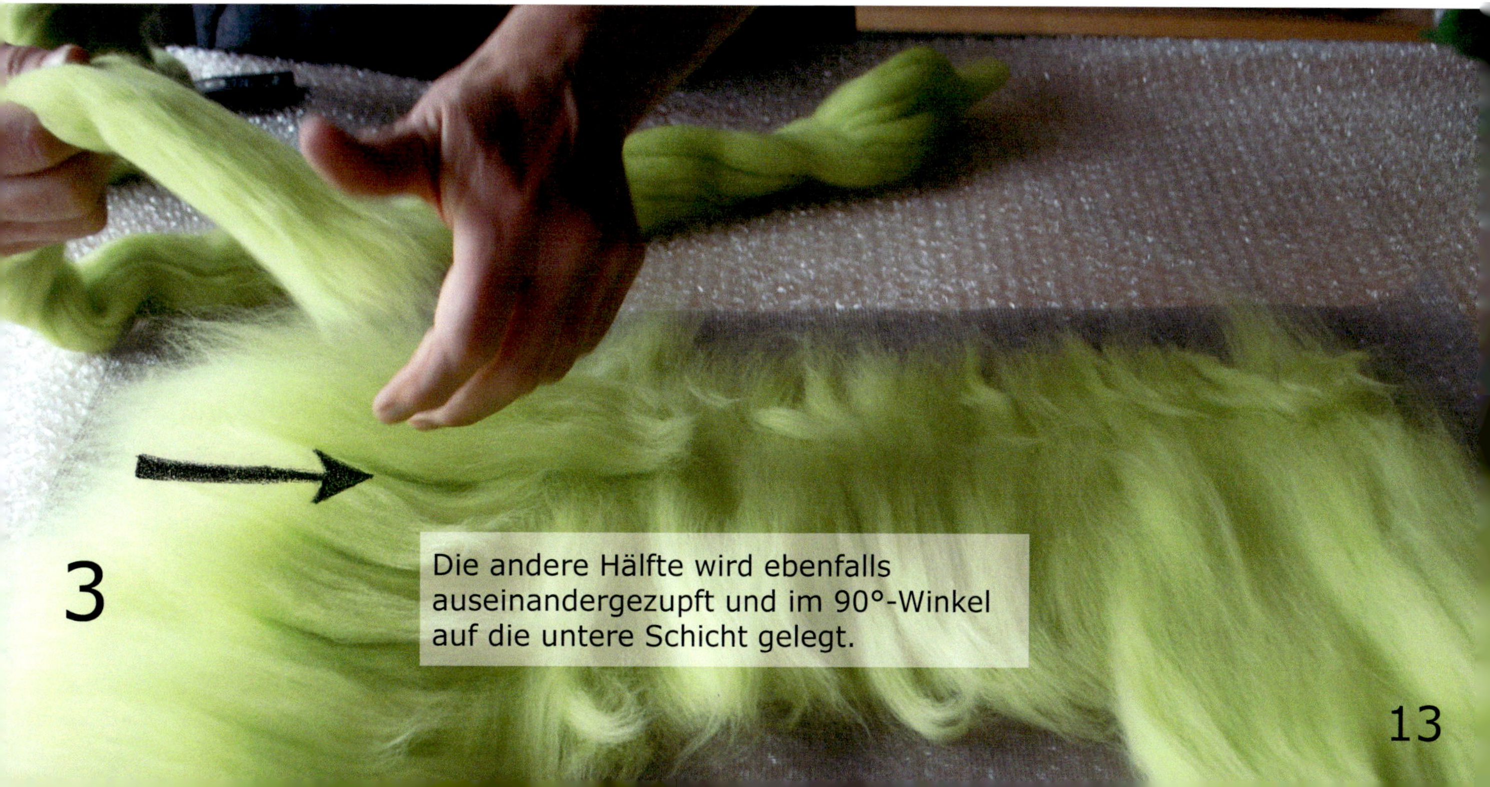

3

Die andere Hälfte wird ebenfalls auseinandergezupft und im 90°-Winkel auf die untere Schicht gelegt.

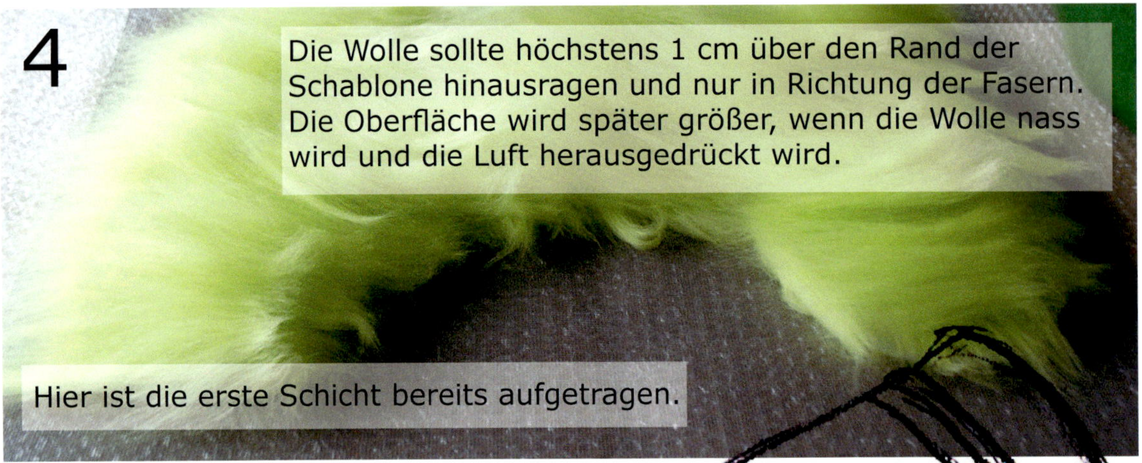

4

Die Wolle sollte höchstens 1 cm über den Rand der Schablone hinausragen und nur in Richtung der Fasern. Die Oberfläche wird später größer, wenn die Wolle nass wird und die Luft herausgedrückt wird.

Hier ist die erste Schicht bereits aufgetragen.

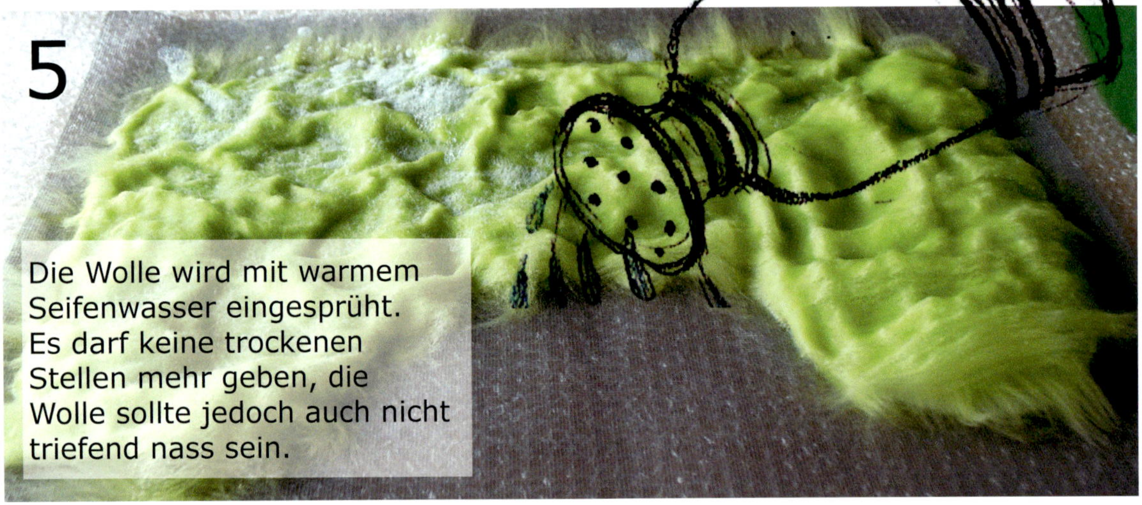

5

Die Wolle wird mit warmem Seifenwasser eingesprüht. Es darf keine trockenen Stellen mehr geben, die Wolle sollte jedoch auch nicht triefend nass sein.

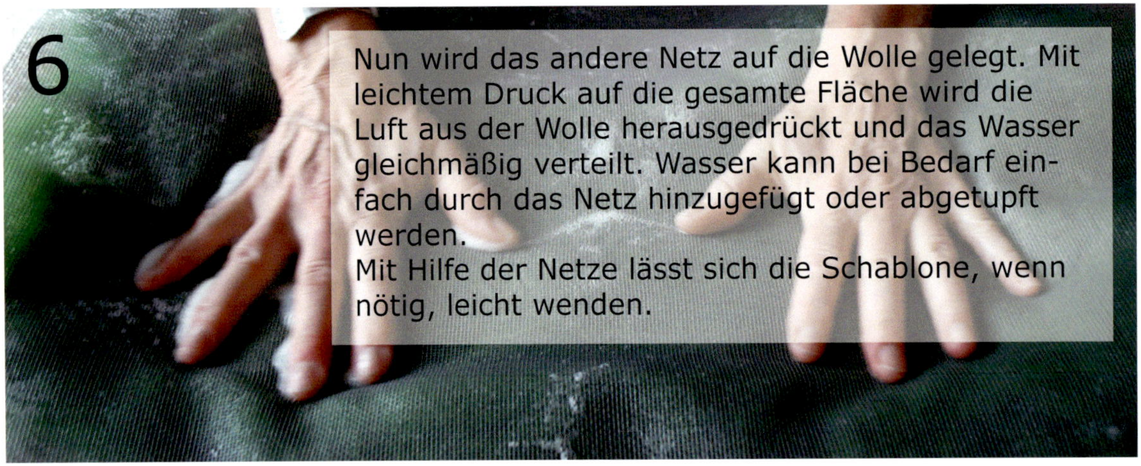

6

Nun wird das andere Netz auf die Wolle gelegt. Mit leichtem Druck auf die gesamte Fläche wird die Luft aus der Wolle herausgedrückt und das Wasser gleichmäßig verteilt. Wasser kann bei Bedarf einfach durch das Netz hinzugefügt oder abgetupft werden.

Mit Hilfe der Netze lässt sich die Schablone, wenn nötig, leicht wenden.

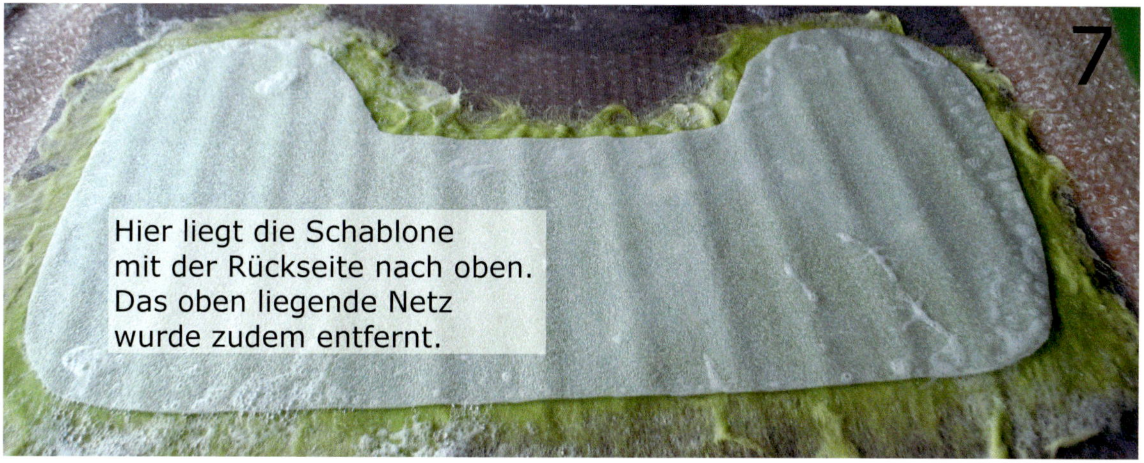
7
Hier liegt die Schablone
mit der Rückseite nach oben.
Das oben liegende Netz
wurde zudem entfernt.

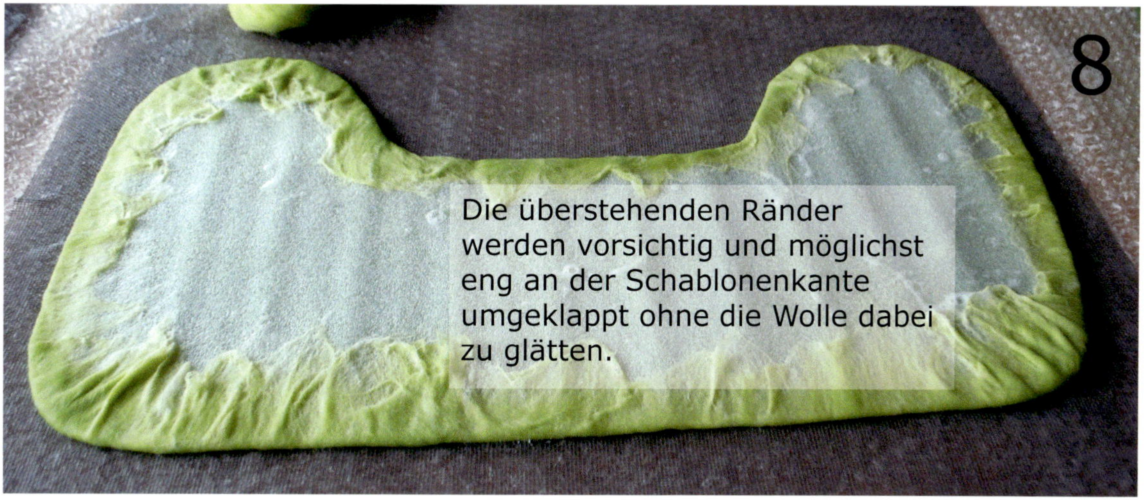
8
Die überstehenden Ränder
werden vorsichtig und möglichst
eng an der Schablonenkante
umgeklappt ohne die Wolle dabei
zu glätten.

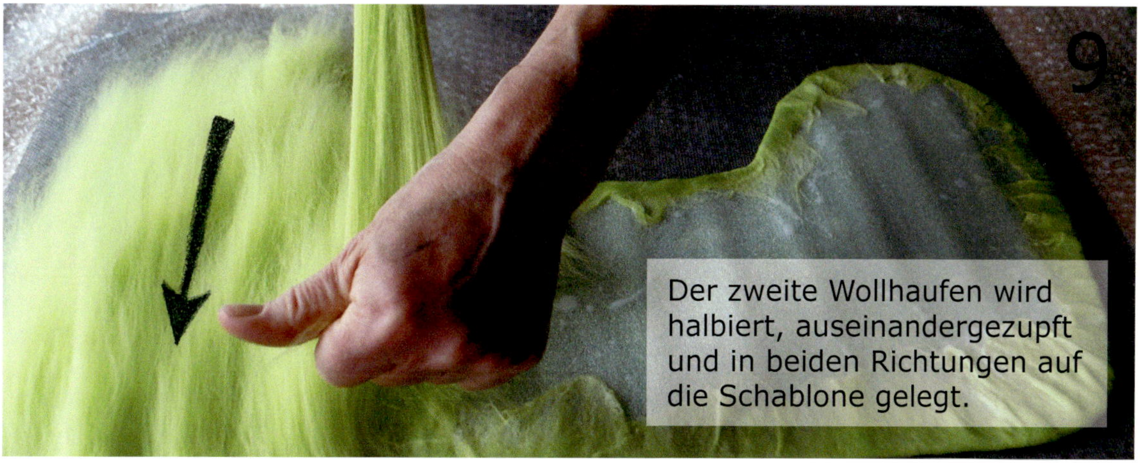
9
Der zweite Wollhaufen wird
halbiert, auseinandergezupft
und in beiden Richtungen auf
die Schablone gelegt.

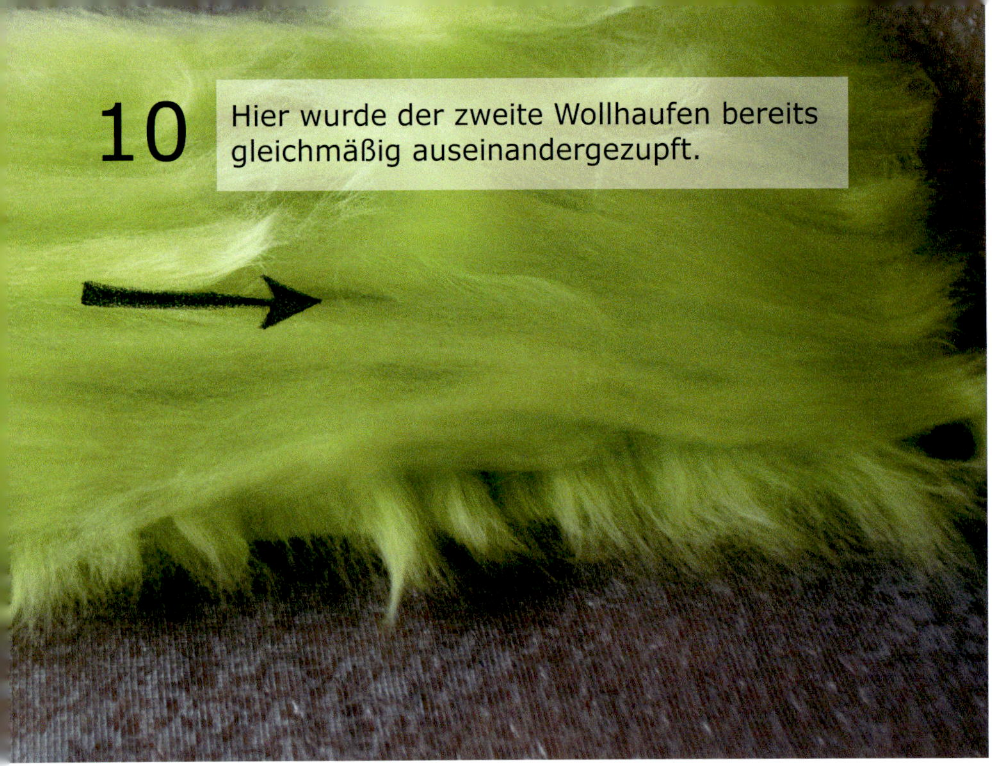

10 Hier wurde der zweite Wollhaufen bereits gleichmäßig auseinandergezupft.

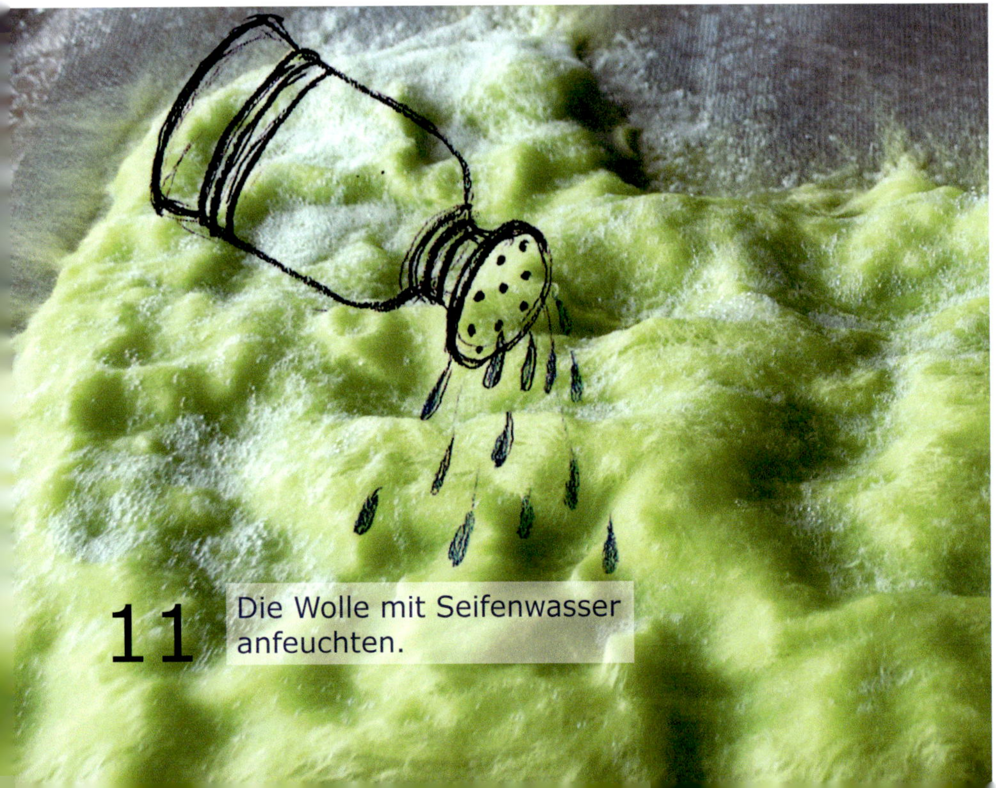

11 Die Wolle mit Seifenwasser anfeuchten.

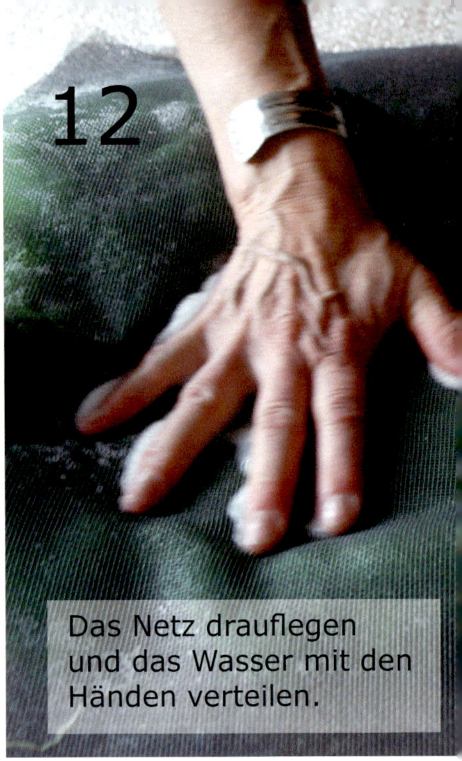

12 Das Netz drauflegen und das Wasser mit den Händen verteilen.

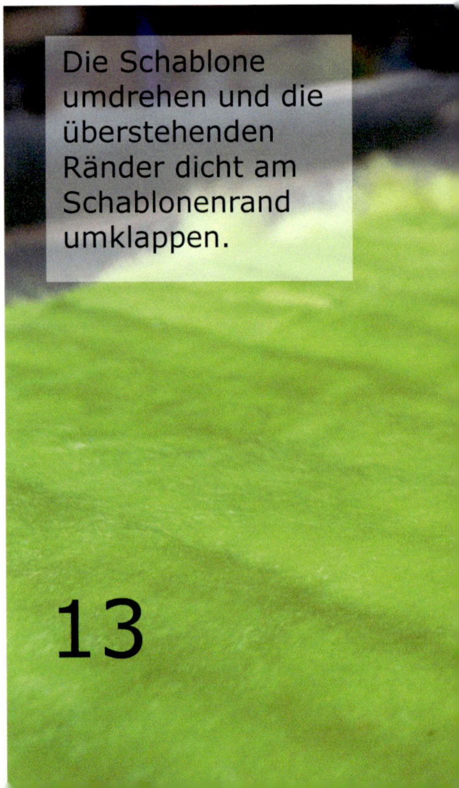

13 Die Schablone umdrehen und die überstehenden Ränder dicht am Schablonenrand umklappen.

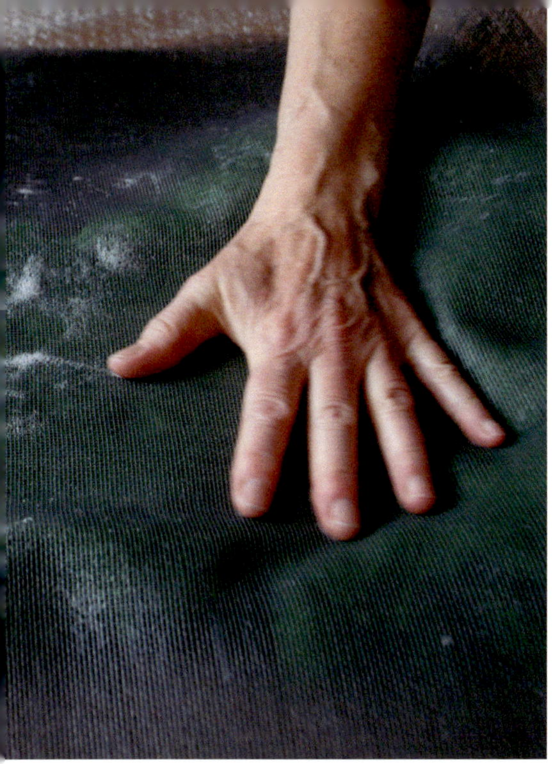

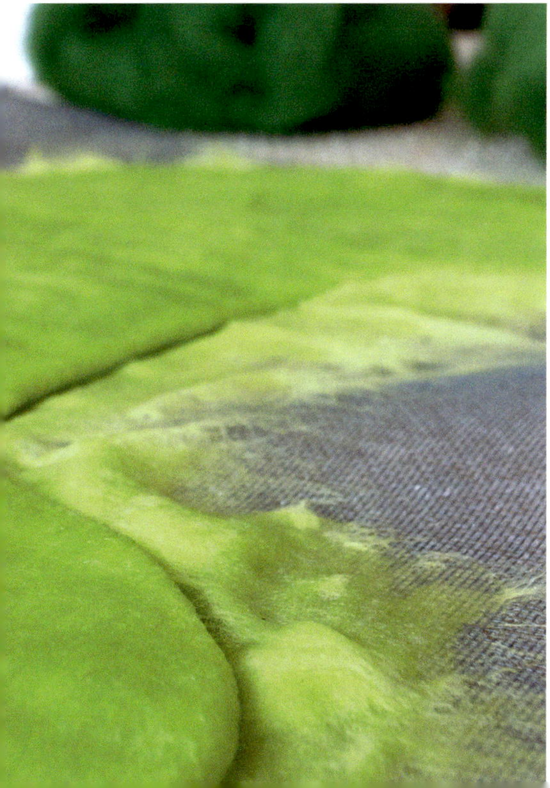

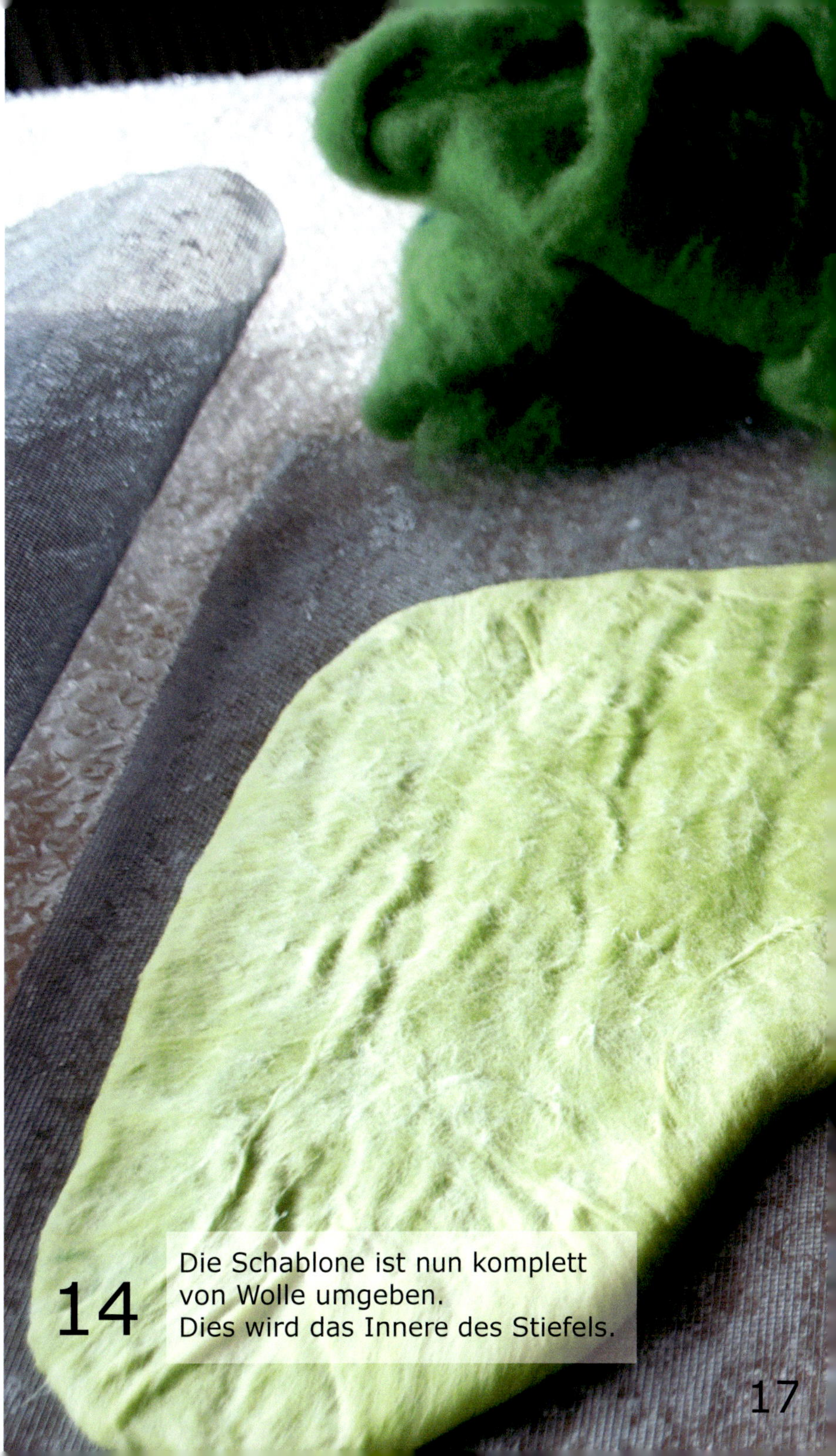

14 Die Schablone ist nun komplett
von Wolle umgeben.
Dies wird das Innere des Stiefels.

Aufbau der äußeren Schicht

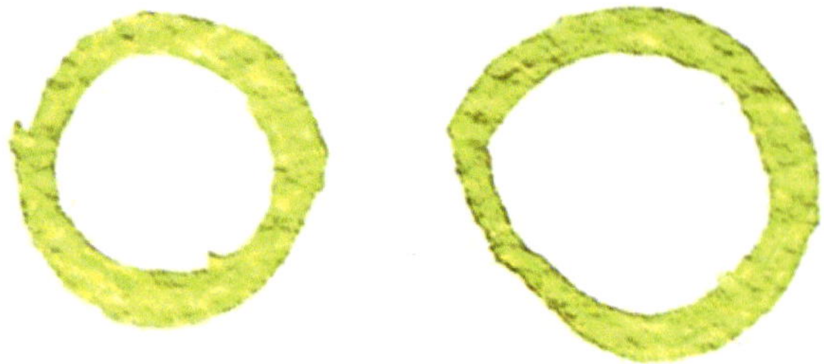

Die äußere Schicht besteht aus Vlies.

Bei Vlieswolle verlaufen die Fasern kreuz und quer. Hier ist es wichtig, die Wolle so gleichmäßig wie möglich zu verteilen.

Das Vlies kann einfach ausgebreitet werden, wenn die Fasern gleichmäßig liegen. Ansonsten kann es von Vorteil sein, es zu zupfen, so wie bei gekämmter Wolle.

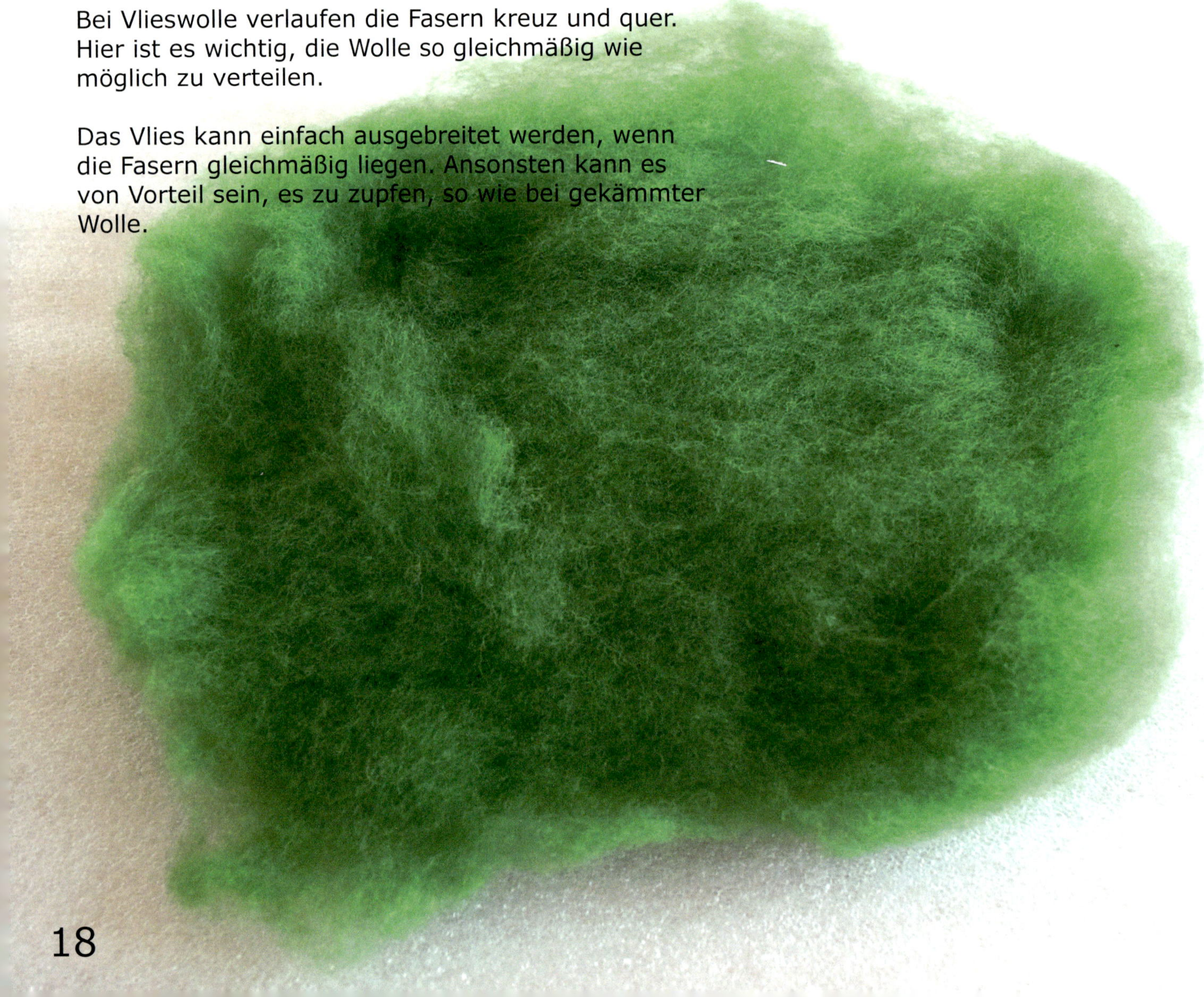

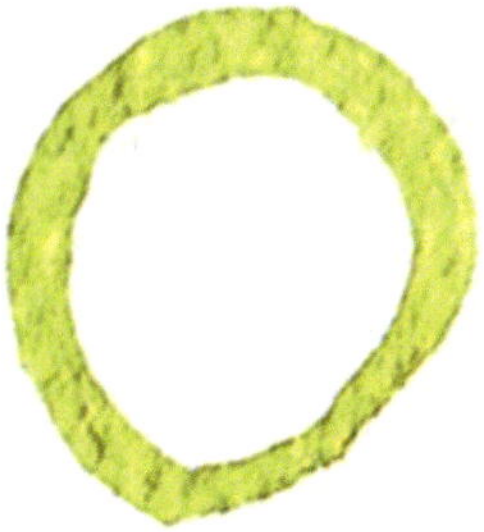

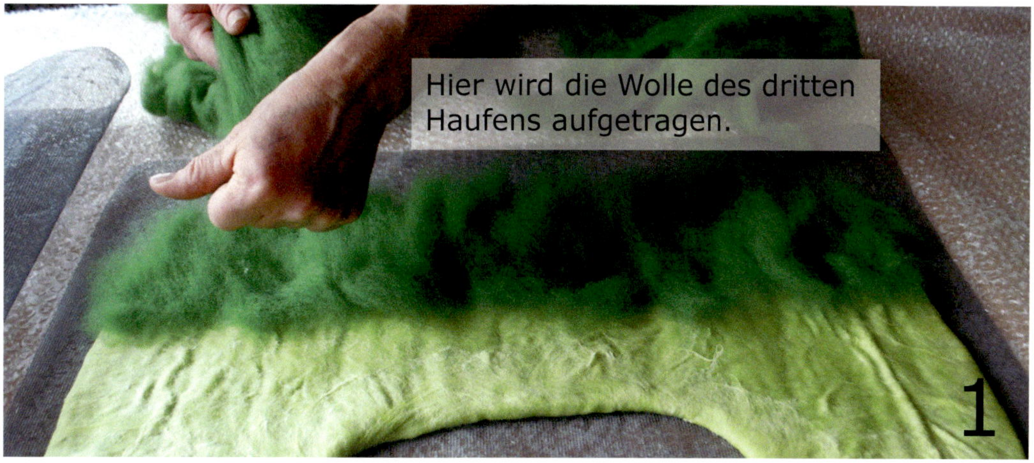

Hier wird die Wolle des dritten Haufens aufgetragen.

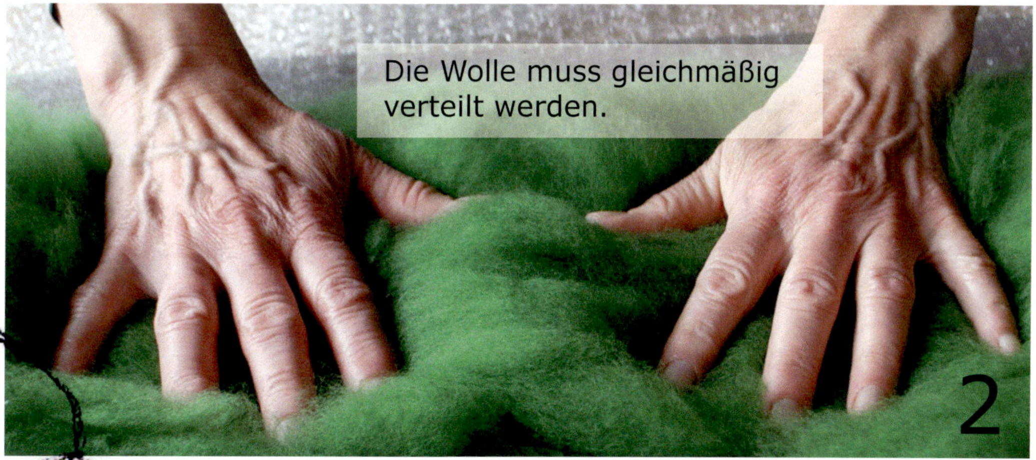

Die Wolle muss gleichmäßig verteilt werden.

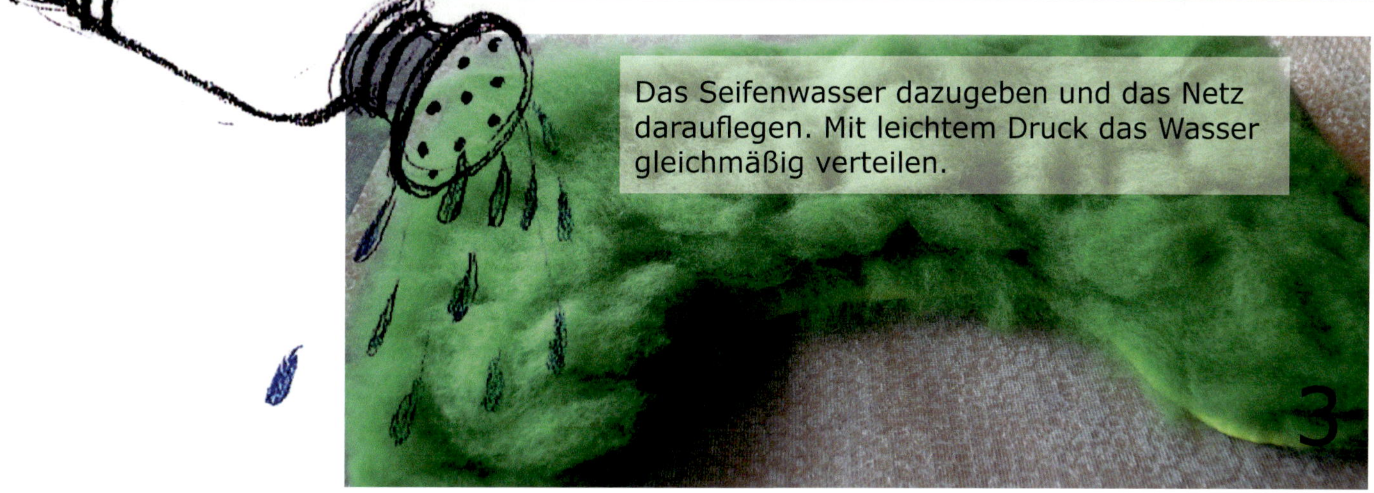

Das Seifenwasser dazugeben und das Netz darauflegen. Mit leichtem Druck das Wasser gleichmäßig verteilen.

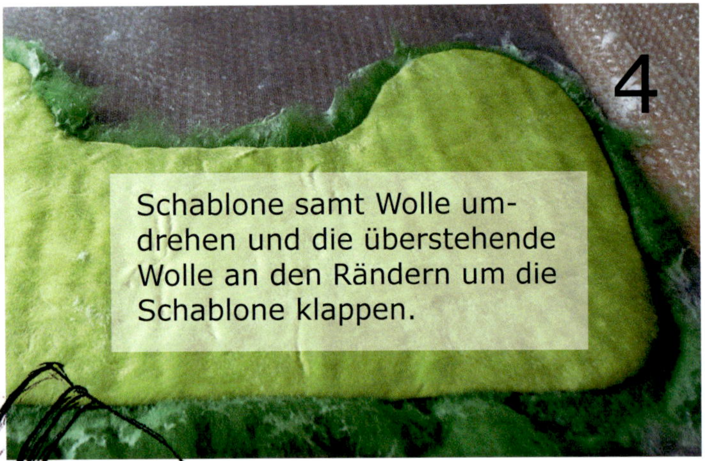

4 Schablone samt Wolle umdrehen und die überstehende Wolle an den Rändern um die Schablone klappen.

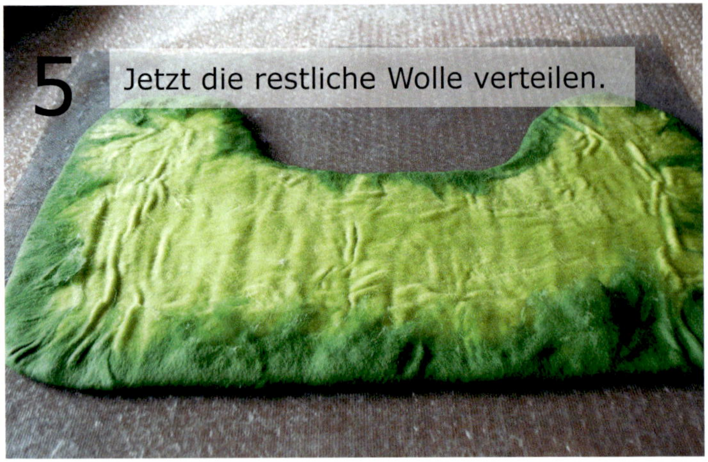

5 Jetzt die restliche Wolle verteilen.

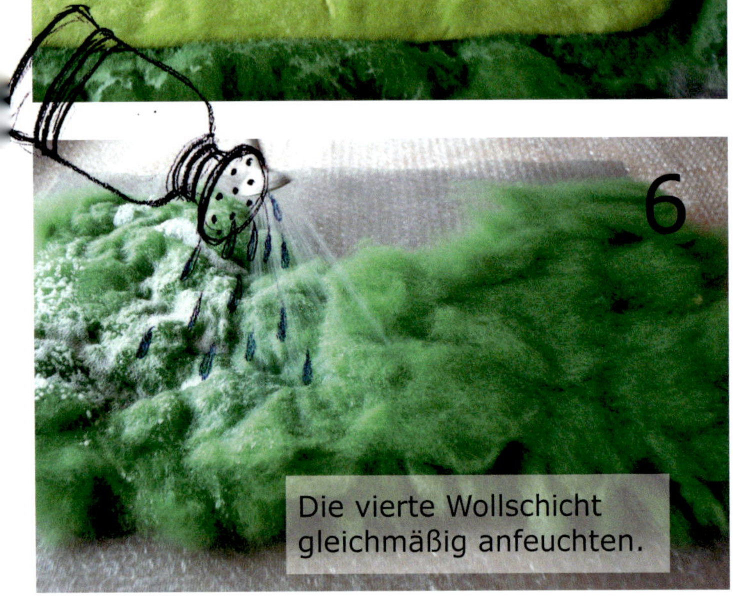

6 Die vierte Wollschicht gleichmäßig anfeuchten.

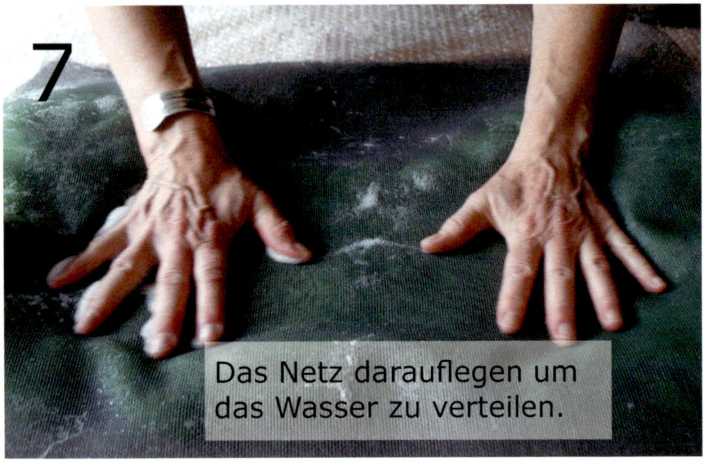

7 Das Netz darauflegen um das Wasser zu verteilen.

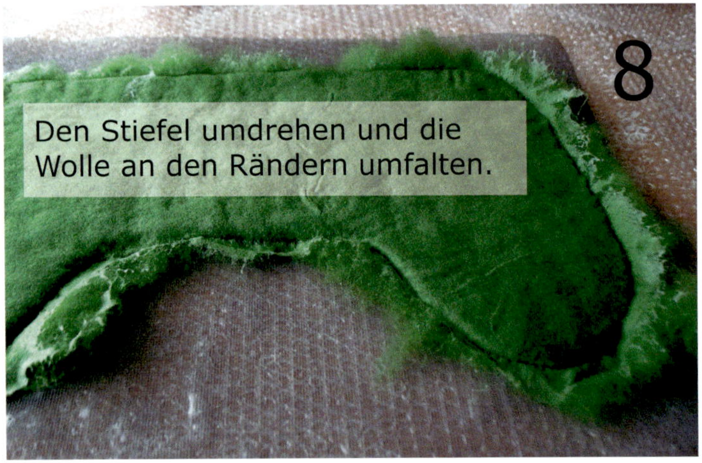

8 Den Stiefel umdrehen und die Wolle an den Rändern umfalten.

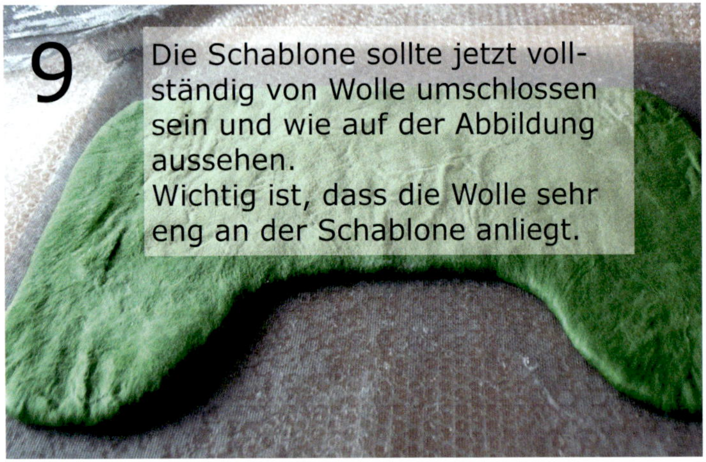

9 Die Schablone sollte jetzt vollständig von Wolle umschlossen sein und wie auf der Abbildung aussehen.
Wichtig ist, dass die Wolle sehr eng an der Schablone anliegt.

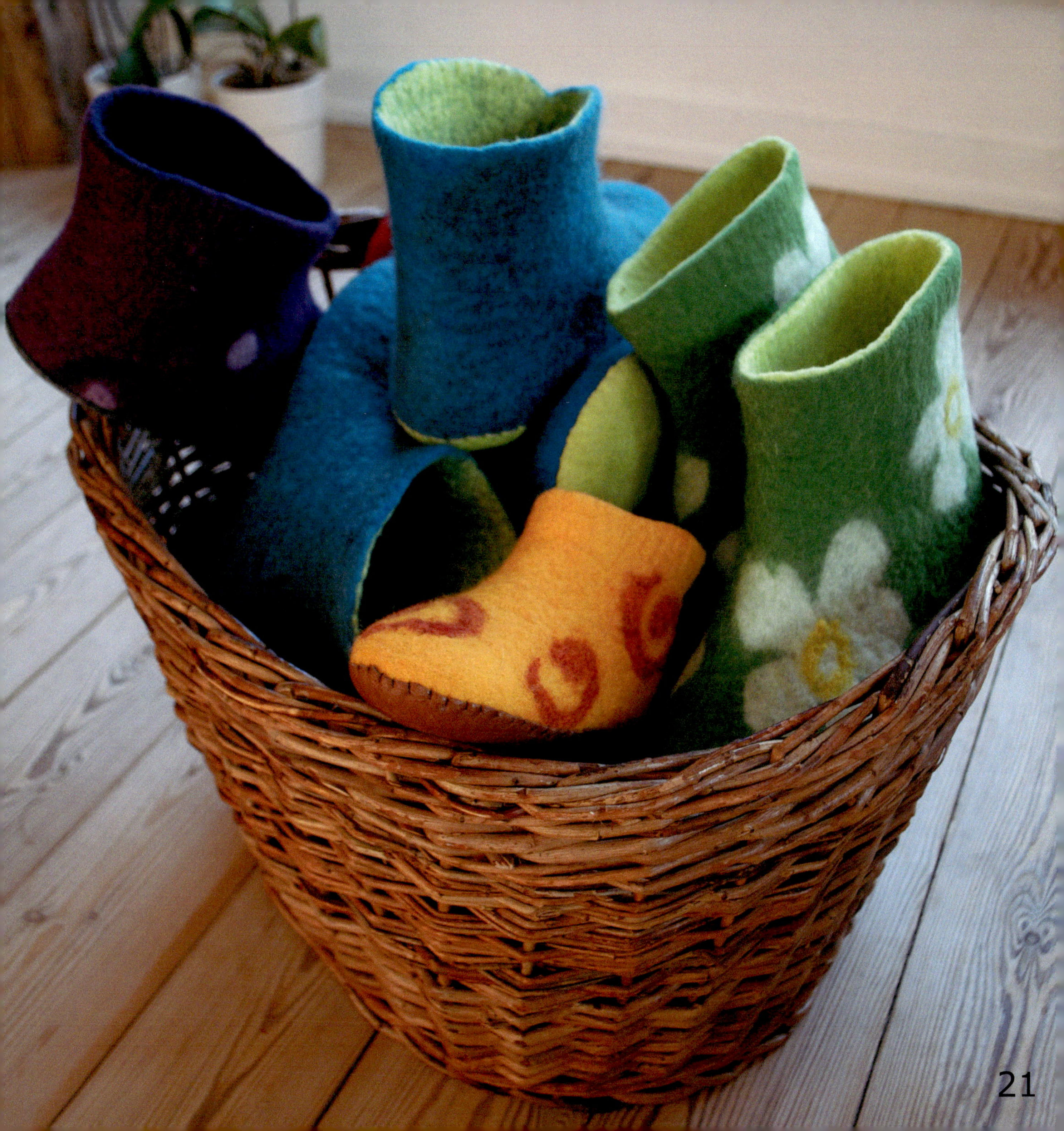

Verzierung

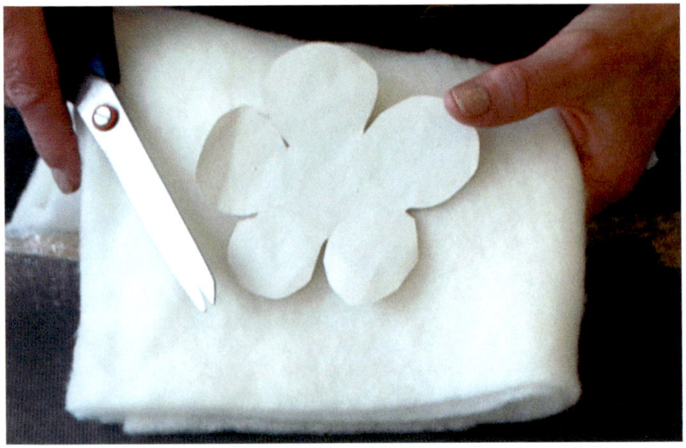

Wenn man die Stiefel mit Applikationen versehen möchte, ist dies der richtige Zeitpunkt, weil die Wolle noch nass, aber noch nicht verfilzt ist.

Als Verzierungen kann man z.B. Motive aus Nadelfilz ausschneiden. Man kann auch kleinere Applikationen aus Seidenfasern und Wolle miteinander kombinieren.

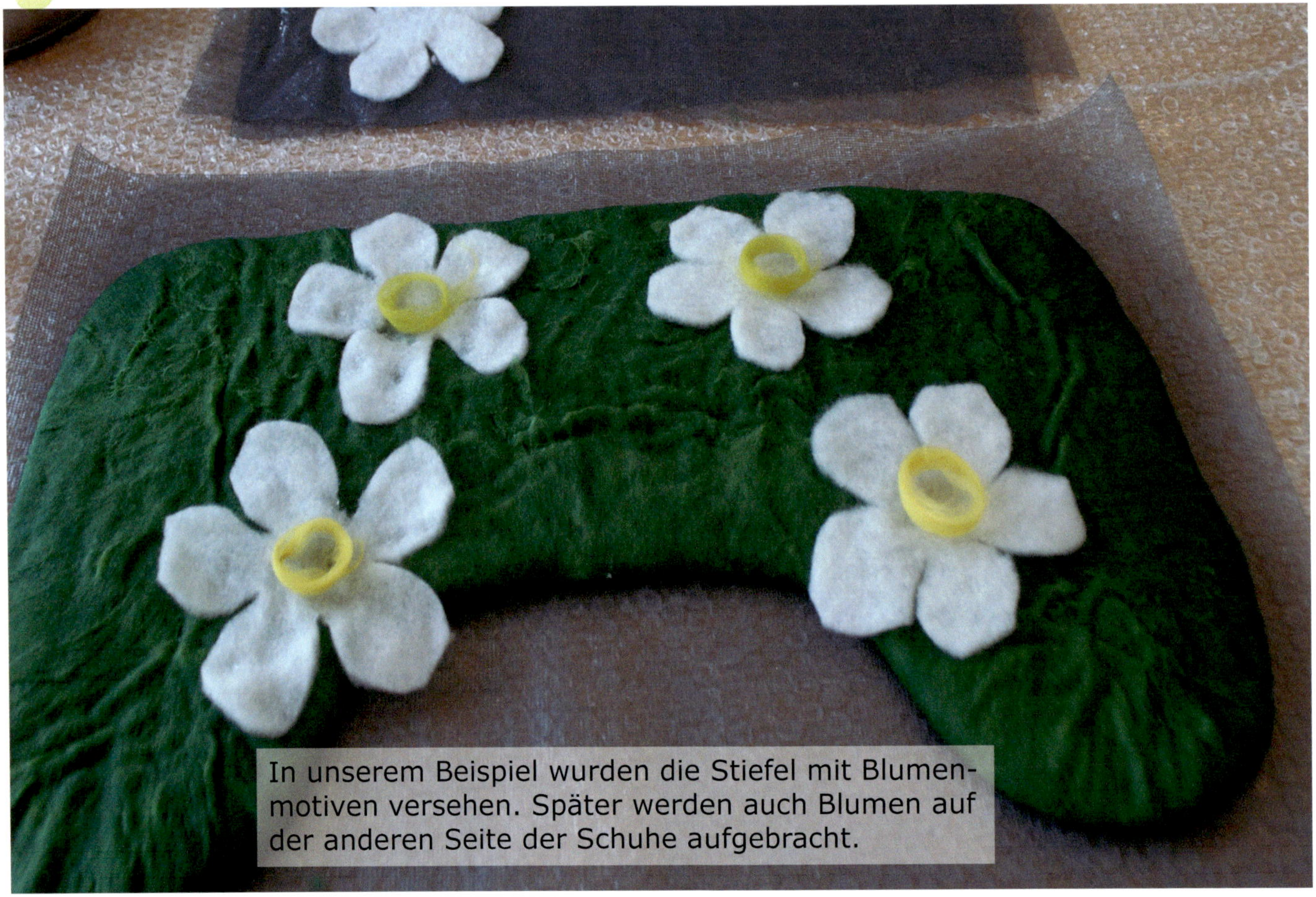

In unserem Beispiel wurden die Stiefel mit Blumenmotiven versehen. Später werden auch Blumen auf der anderen Seite der Schuhe aufgebracht.

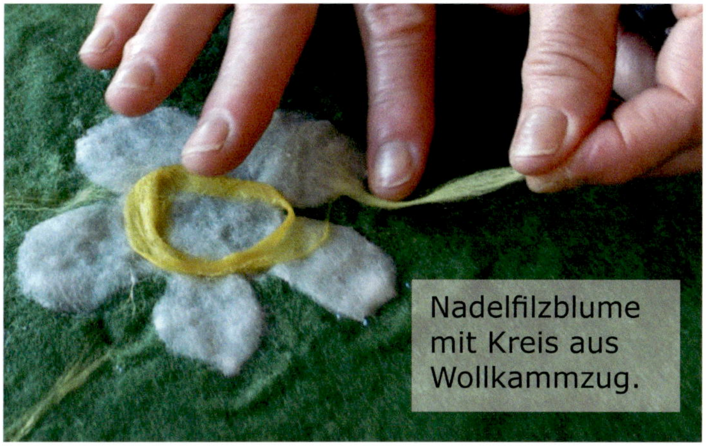

Nadelfilzblume mit Kreis aus Wollkammzug.

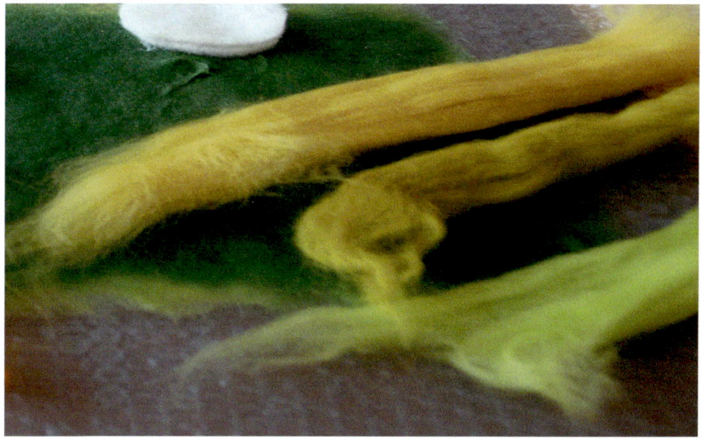

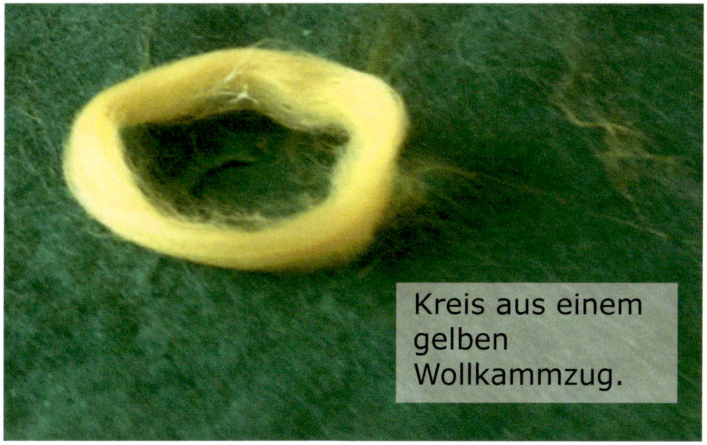

Kreis aus einem gelben Wollkammzug.

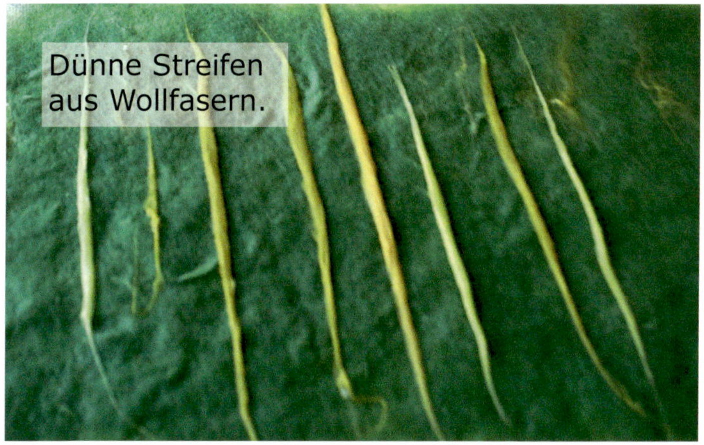

Dünne Streifen aus Wollfasern.

Variieren von Verzierungen:

- Applikationen kann man aus verschiedenen Materialien herstellen, die man beliebig miteinander kombinieren kann.
- Hier sieht man Nadelfilz und bunte Wollfasern.
- Als Motive können Blumen, Kreise oder Zierlinien aufgebracht werden, oder auch eine melierte Oberfläche hergestellt werden.

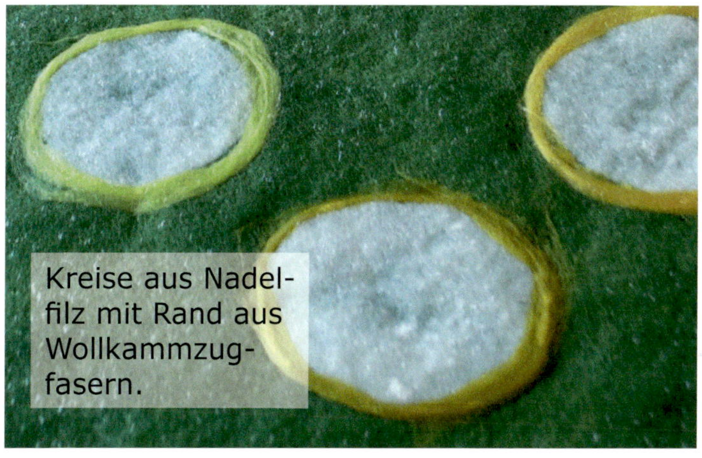

Kreise aus Nadelfilz mit Rand aus Wollkammzugfasern.

Filzen

Wenn die Applikationen an der richtigen Stelle platziert wurden, kann das eigentliche Filzen losgehen.

Als Erstes wird der Stiefel mit Wasser befeuchtet und mit Hilfe des Netzes wird die Verzierung befestigt. Dafür kann man entweder Seifenwasser oder Handseife benutzen.

Zum Bearbeiten der Wolle diese mit den Händen zunächst sanft und dann immer stärker rubbeln. Dabei darauf achten, dass die ganze Filzfläche gleichmäßig bearbeitet wird.

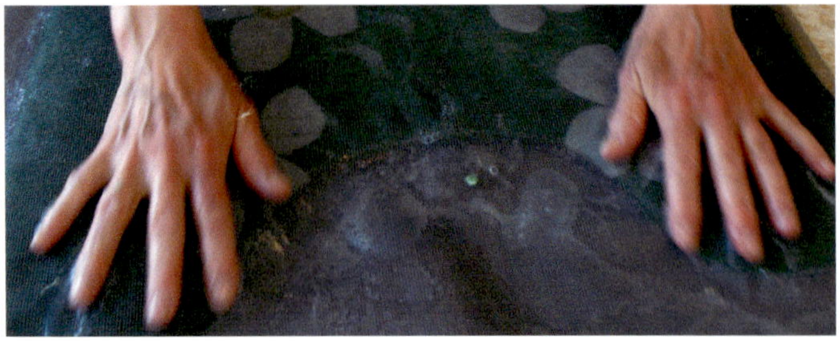

Zu Beginn wird mit Netz gefilzt, damit die Verzierungen nicht verrutschen. Man sollte das Netz regelmäßig hochnehmen um sicherzugehen, dass man es nicht mit einflizt. Wenn die Applikationen gut an die darunterliegende Wolle „angefilzt“ wurden, kann man das Netz wieder entfernen.

Die Wolle wird so kräftig wie möglich weiterbearbeitet, ohne dabei die Oberfläche zu zerstören oder die Fasern zu verschieben.

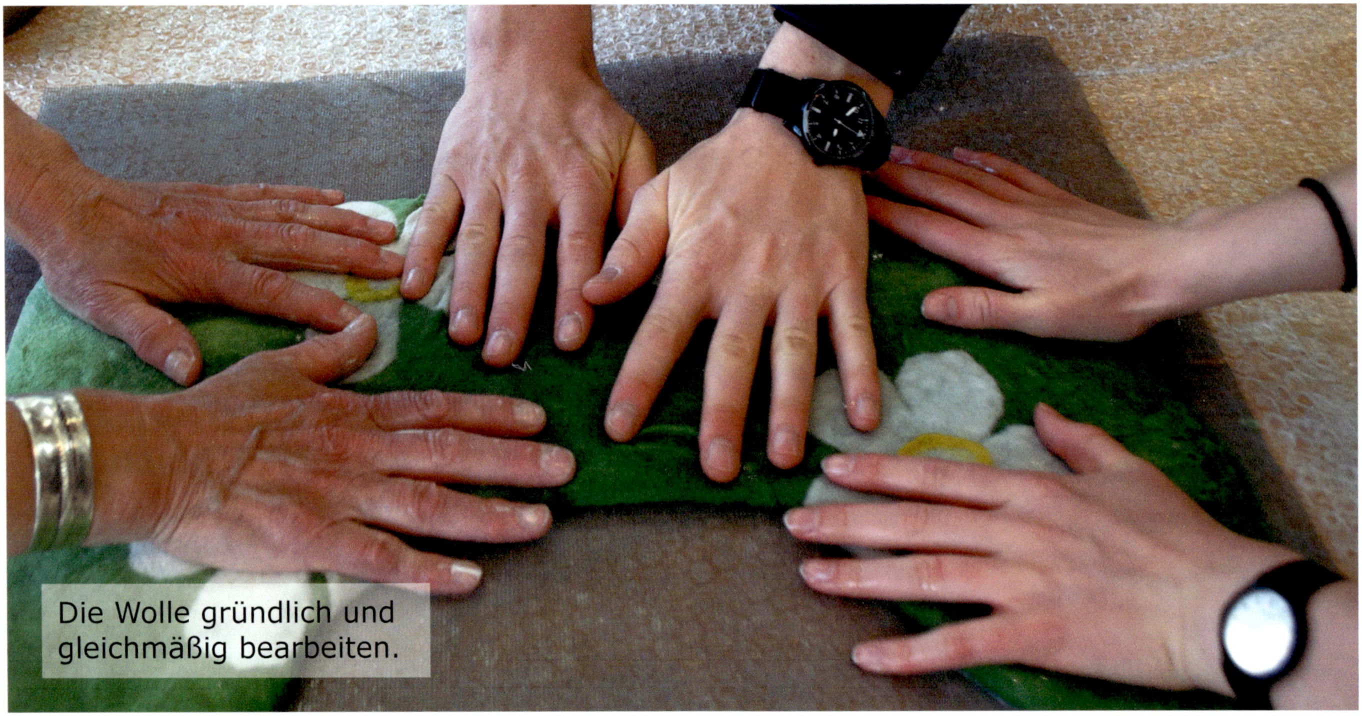

Die Wolle gründlich und gleichmäßig bearbeiten.

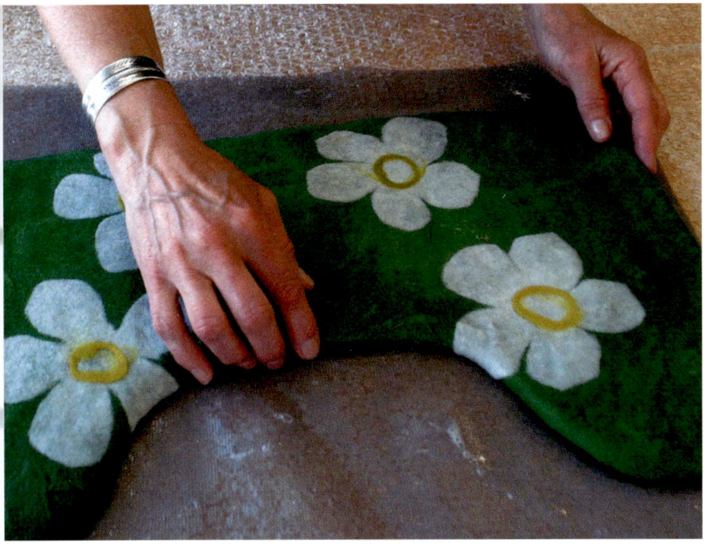

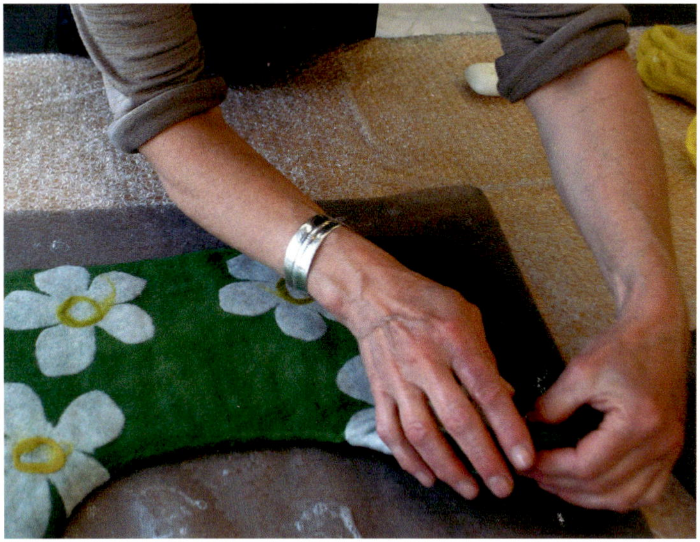

Es ist wichtig, beim Filzen auf die Kanten und überlappenden Stellen zu achten.
Sie müssen gleichmäßig bearbeitet werden und weiterhin eng an der Schablone anliegen.

Im Anschluss kann man die Stiefel auch mit einem Nudelholz oder Rundholz rollen.
Dabei muss darauf geachtet werden, dass die Ränder, an denen die Schichten überlappen, nicht wieder aufgehen.

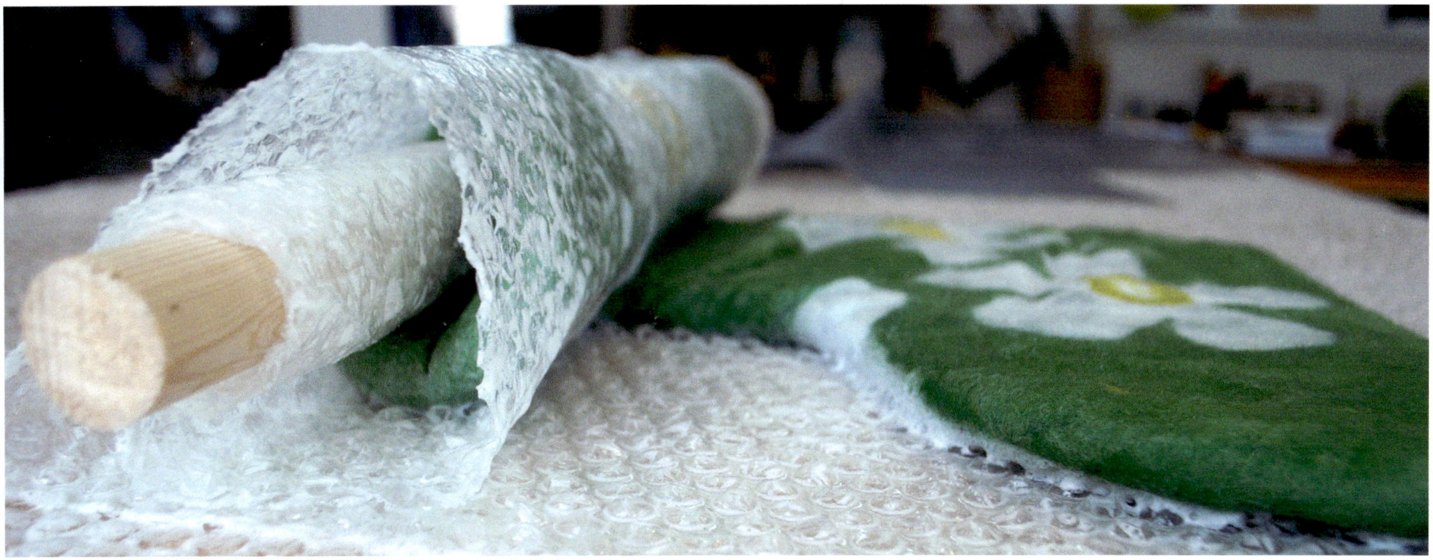

Wenn ausreichend gefilzt wurde -

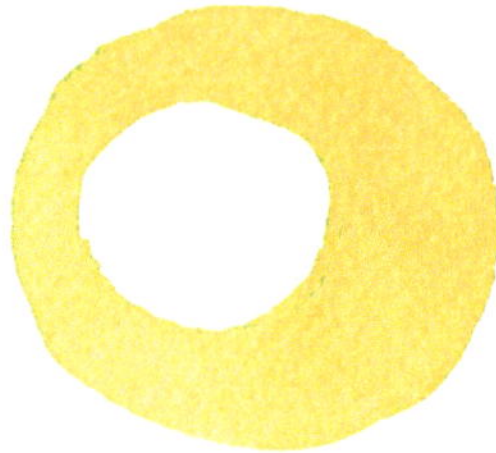

- Die Wolle hat sich zusammengezogen und sitzt eng an der Schablone an.
- Die Schablone wurde von der Wolle ein wenig zusammengedrückt und ist leicht gewellt.
- Die Wollschicht ist dicht und fest und es gibt keine losen Fasern mehr.
- Alle Verzierungen sitzen fest auf dem Filz auf und sind nicht mehr lose.

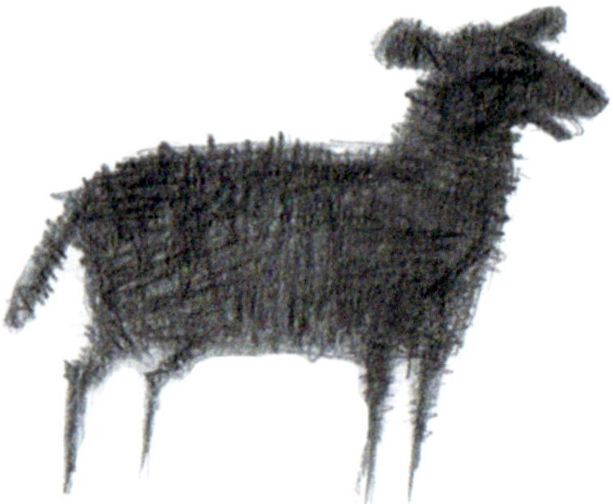

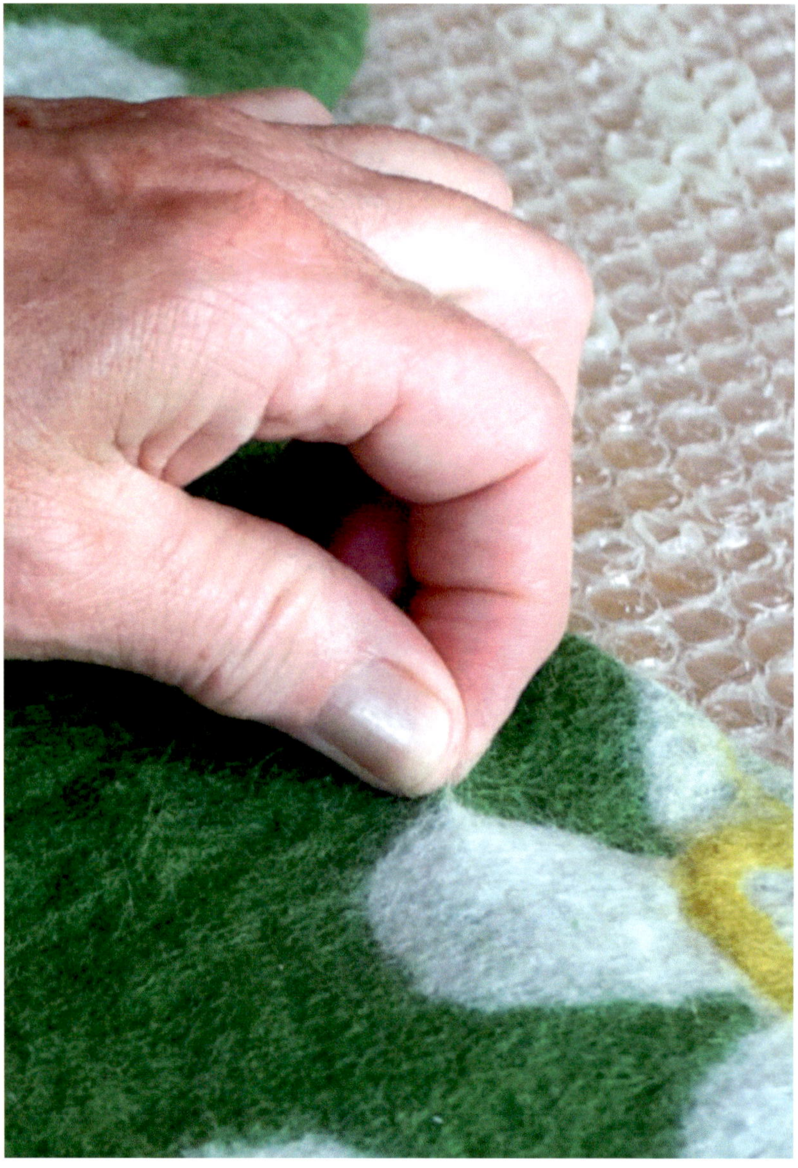

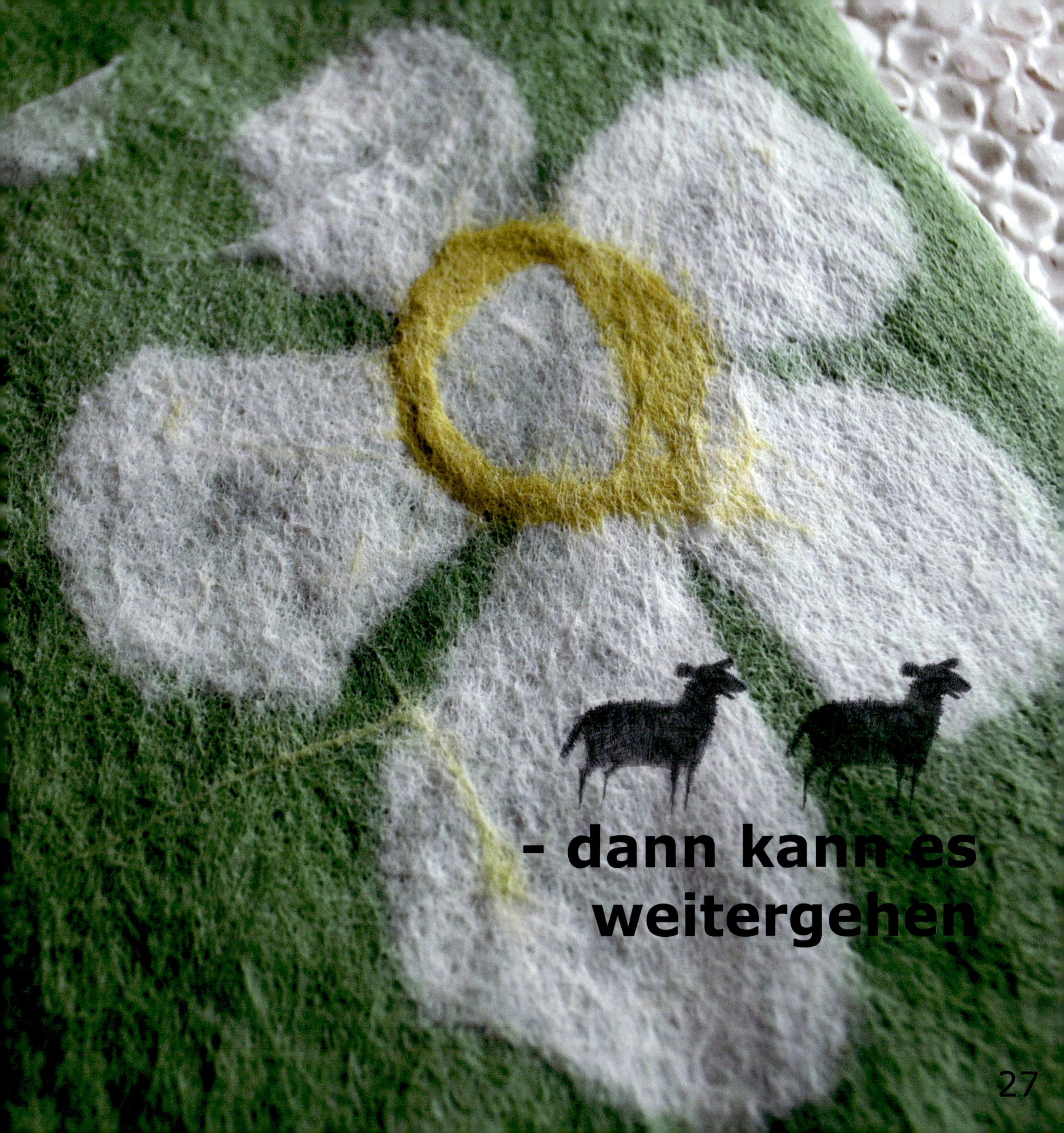

- dann kann es weitergehen

Aus eins mach zwei

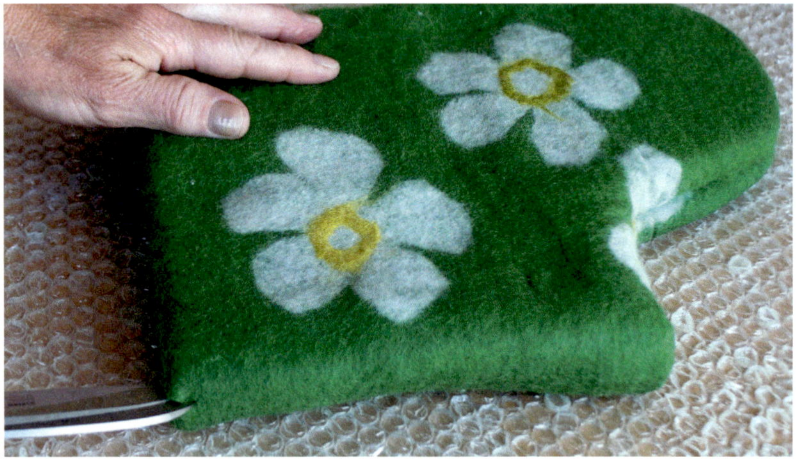

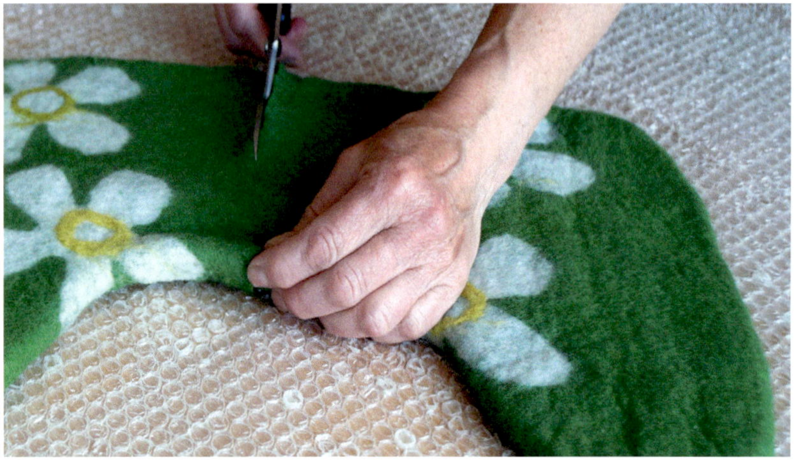

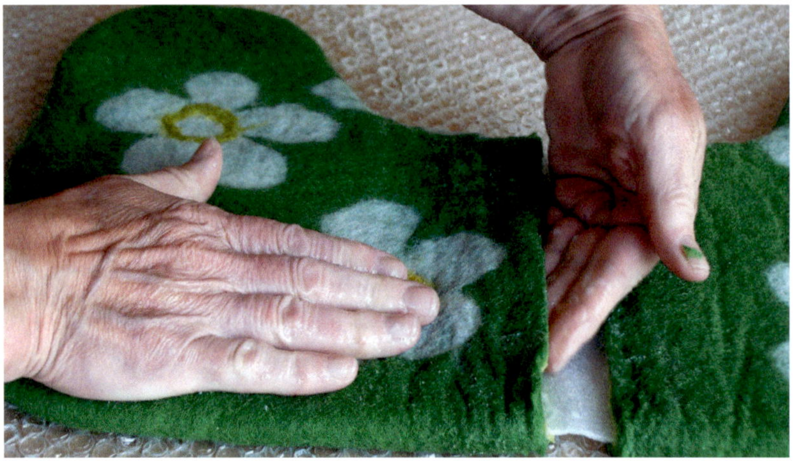

- Das gefilzte Stück so teilen, dass zwei Stiefel daraus entstehen.
- Durch Falten der Stiefel kann man leicht die Mitte bestimmen, an der das Filzstück aufgetrennt werden muss.
- Auf beiden Seiten einen kleinen Einschnitt als Markierungen vornehmen und dann mit einer Schere von Einschnitt zu Einschnitt das Filzstück auftrennen
  - am besten ohne dabei die Schablone zu beschädigen.

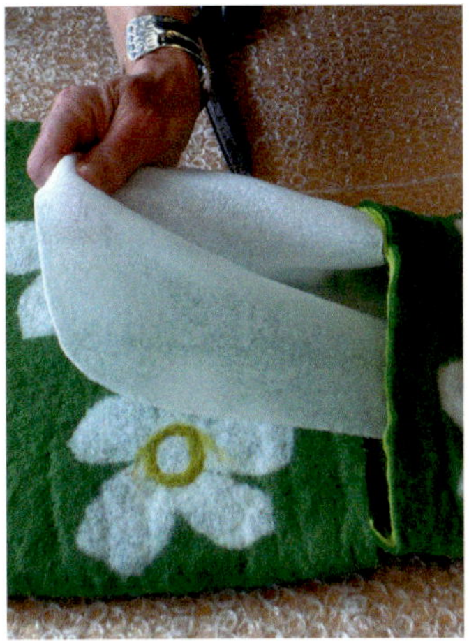

- Jetzt vorsichtig die Innenseite des Stiefels abtasten, um sicherzustellen, dass an der Schablone keine Wollfasern festhängen.
- Die Schablone nun vorsichtig entfernen.
- Jetzt sind die Stiefel zur Weiterverarbeitung bereit.

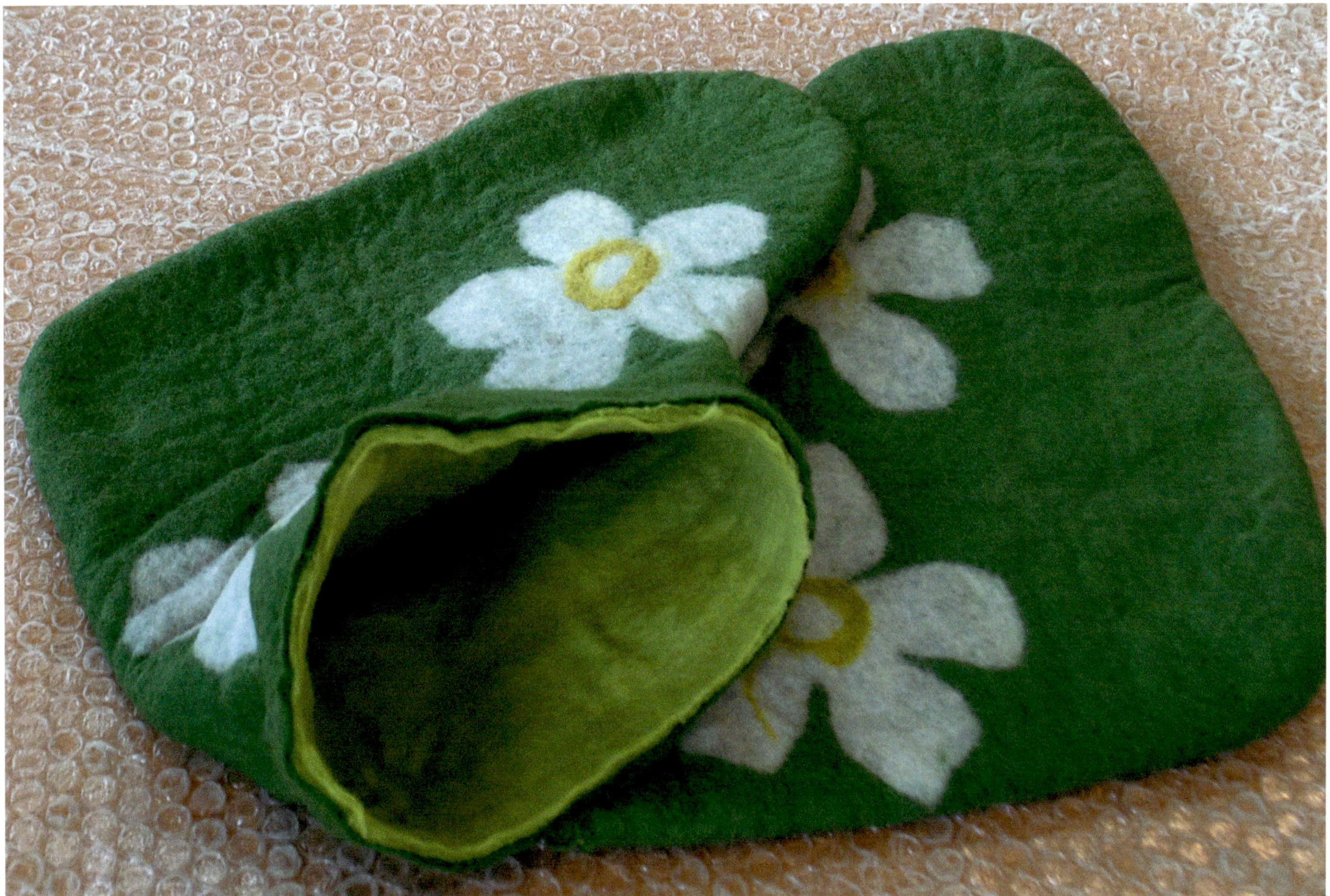

Walken

Die Stiefel müssen sowohl von innen als auch von außen bearbeitet werden, damit sie schrumpfen und widerstandsfähig werden. Hierfür müssen sie gewalkt werden.

'Walken' bedeutet kneten, drücken oder ziehen. Auf diese Art und Weise werden gewebte, gestrickte und gefilzte Textilien bearbeitet.

Je kräftiger man die gefilzten Stiefel walkt, desto robuster werden sie.

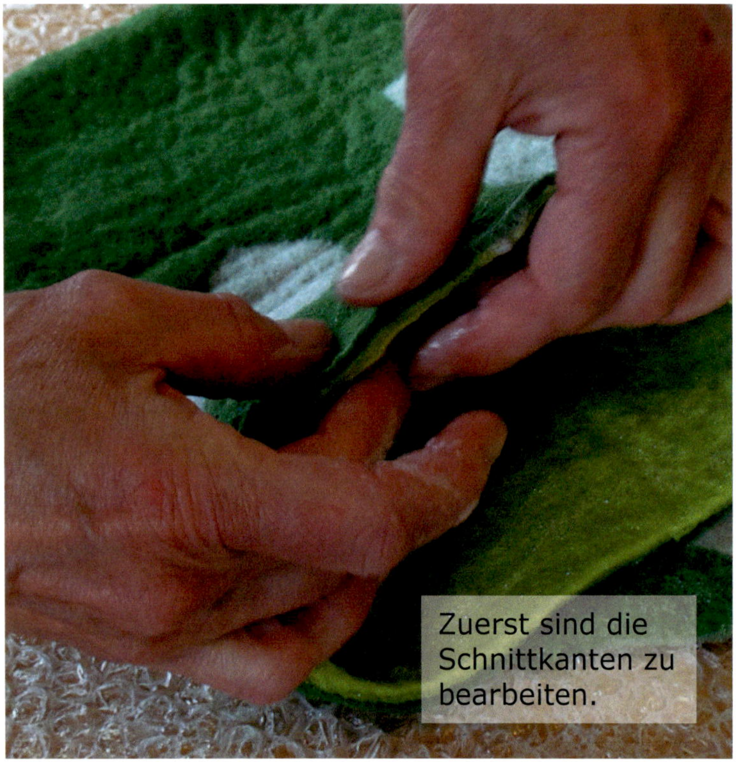

Zuerst sind die Schnittkanten zu bearbeiten.

Verschiedene Walkmethoden

- mit den Händen kneten.
- Das Filzstück in eine Bambusmatte, Luftpolsterfolie oder einen Bettbezug einrollen, auch gerne um ein Rundholz legen.
- Mit einer Bambusmatte oder einem Kochlöffel die Stiefel bearbeiten was besonders effektiv ist, wenn die Stiefel angepasst werden.
- Das Filzstück auf die Unterlage werfen und dann kneten. Hierbei ist Vorsicht geboten, weil der Schrumpfprozess unkontrolliert verläuft.

Man kann auch gut alle Methoden anwenden und miteinander variieren.

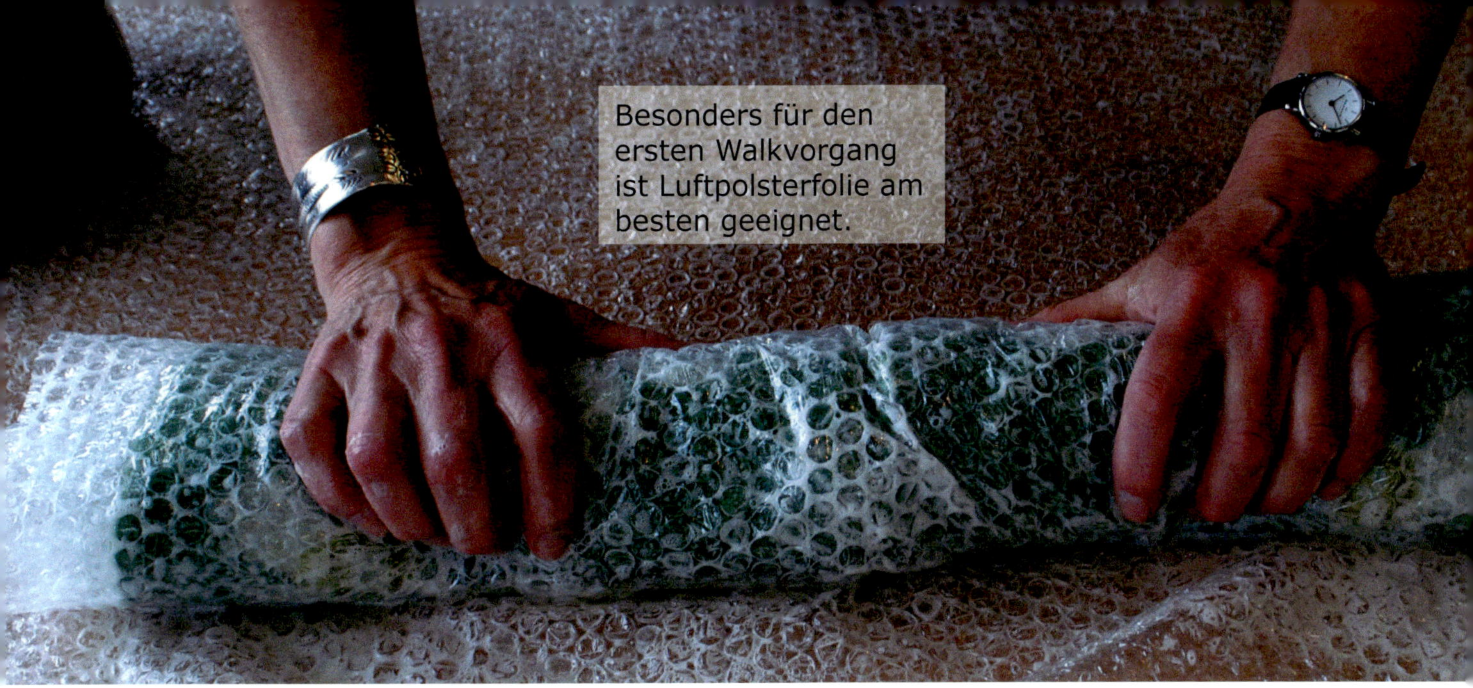

Besonders für den ersten Walkvorgang ist Luftpolsterfolie am besten geeignet.

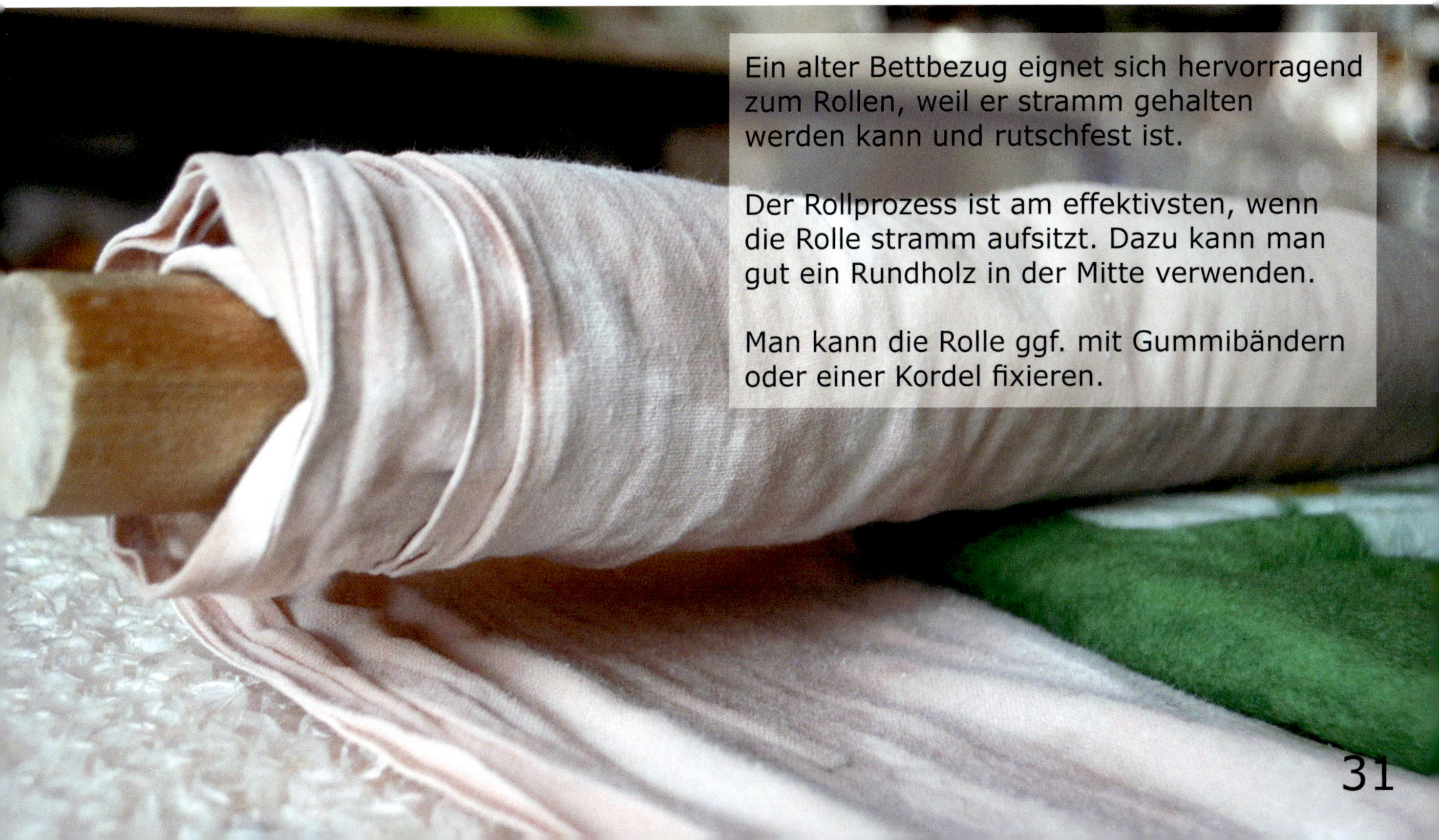

Ein alter Bettbezug eignet sich hervorragend zum Rollen, weil er stramm gehalten werden kann und rutschfest ist.

Der Rollprozess ist am effektivsten, wenn die Rolle stramm aufsitzt. Dazu kann man gut ein Rundholz in der Mitte verwenden.

Man kann die Rolle ggf. mit Gummibändern oder einer Kordel fixieren.

Die Stiefel müssen in alle Richtungen gewalkt werden. Das ist wichtig, weil sich die Wolle in die Richtung zusammenzieht, in der sie auch gewalkt wird.

Es ist darauf zu achten, dass die Stiefel jeweils im gleichen Maße bearbeitet werden, damit sie am Ende die gleiche Größe haben.

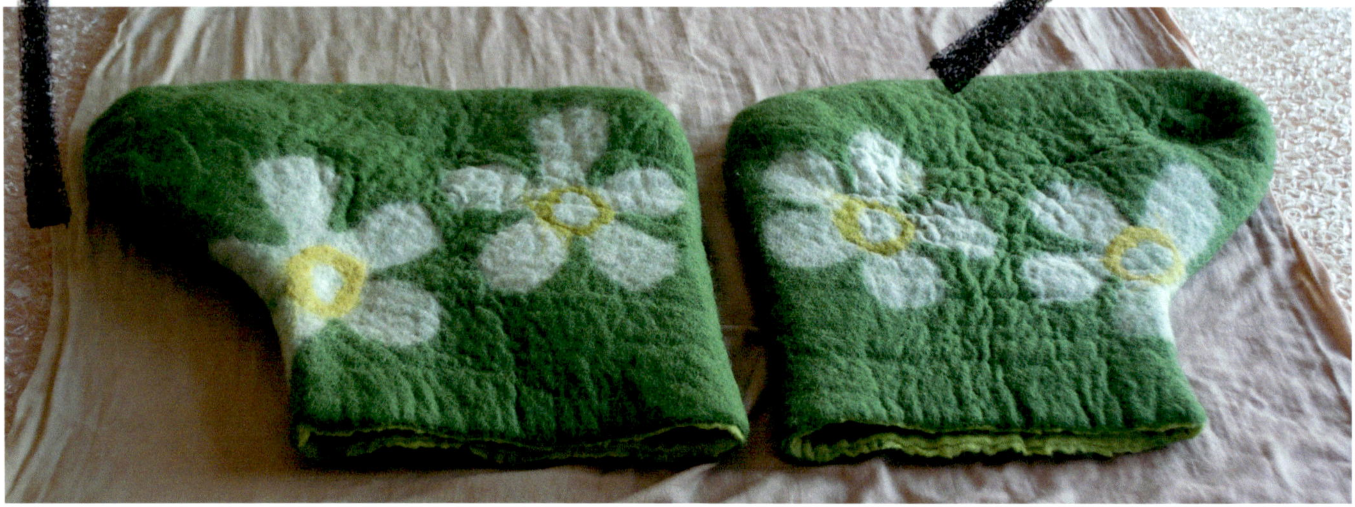

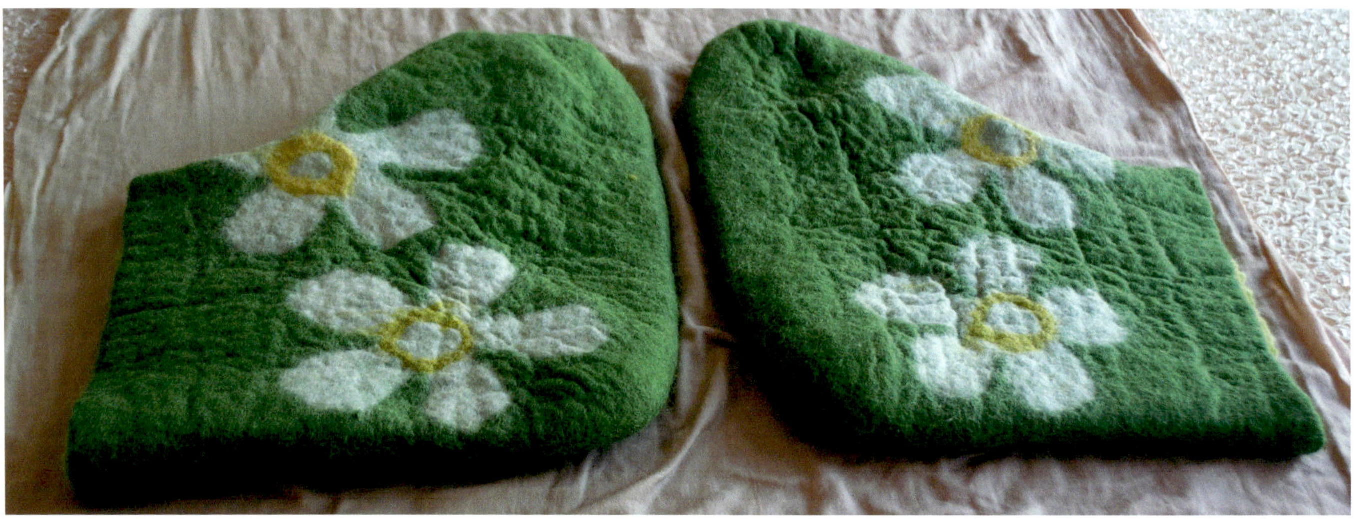

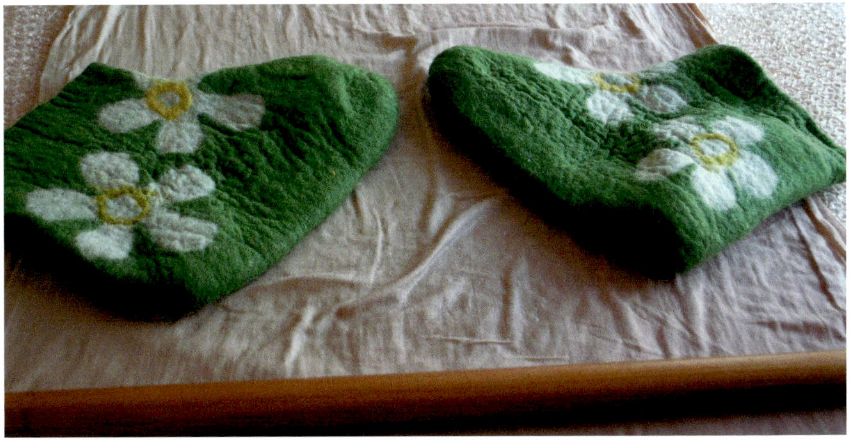

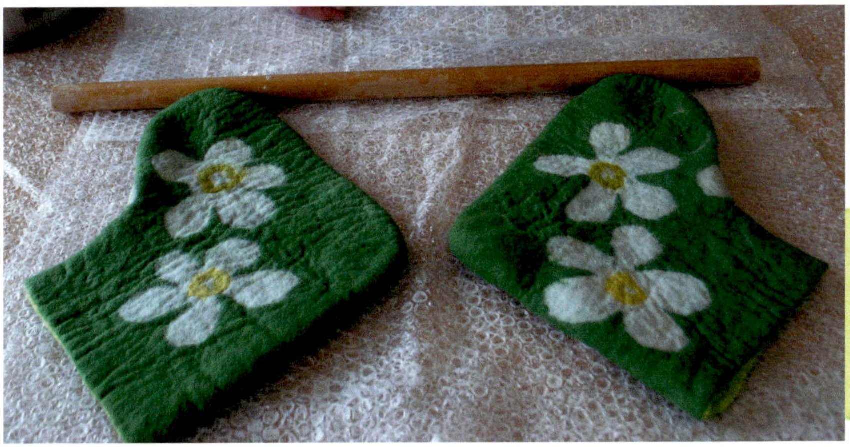

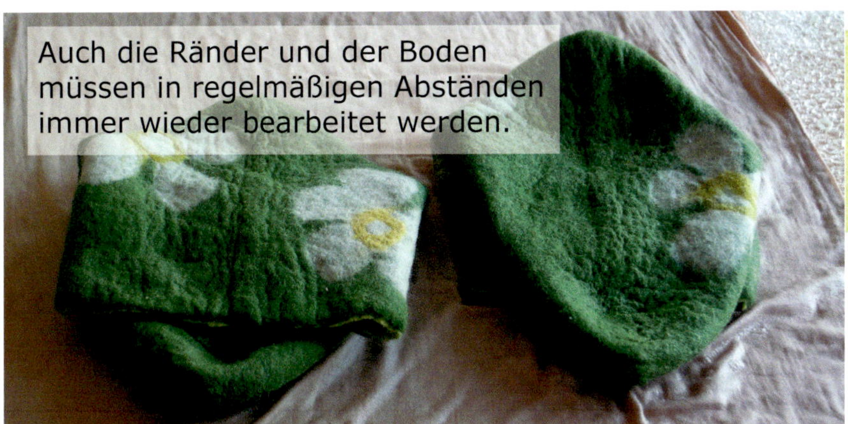

Auch die Ränder und der Boden müssen in regelmäßigen Abständen immer wieder bearbeitet werden.

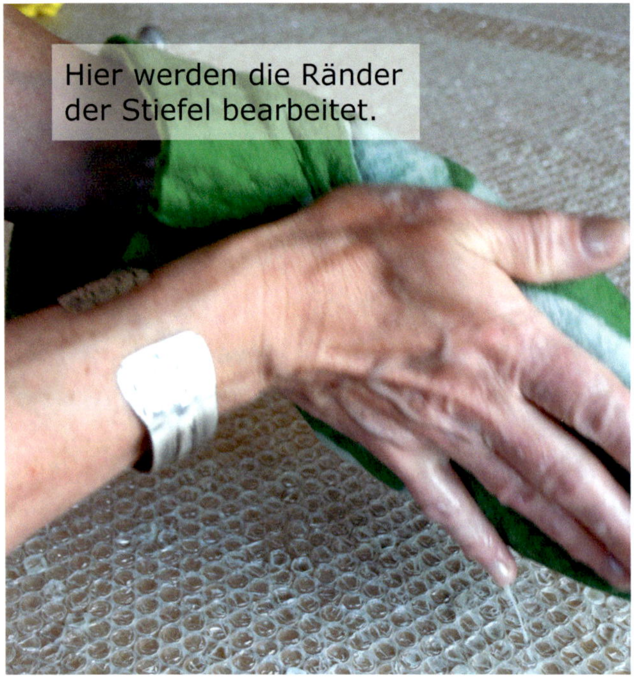

Hier werden die Ränder der Stiefel bearbeitet.

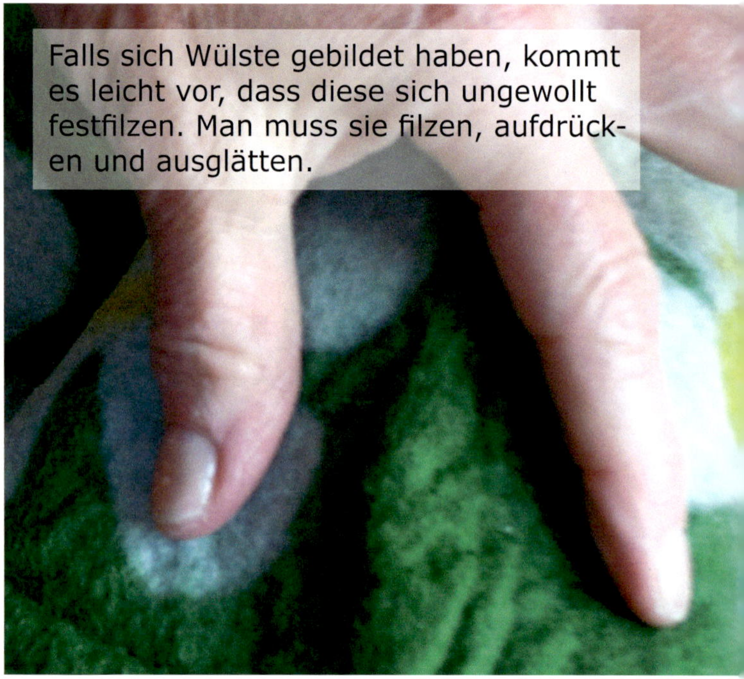

Falls sich Wülste gebildet haben, kommt es leicht vor, dass diese sich ungewollt festfilzen. Man muss sie filzen, aufdrück-en und ausglätten.

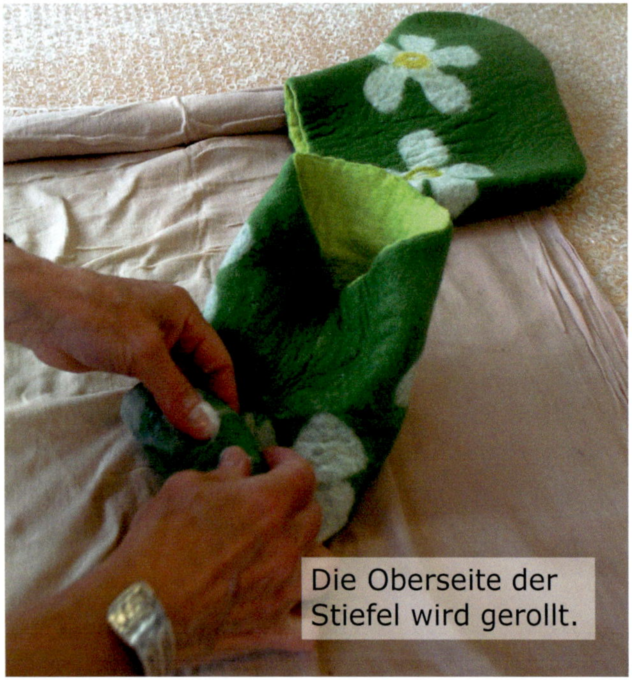

Die Oberseite der Stiefel wird gerollt.

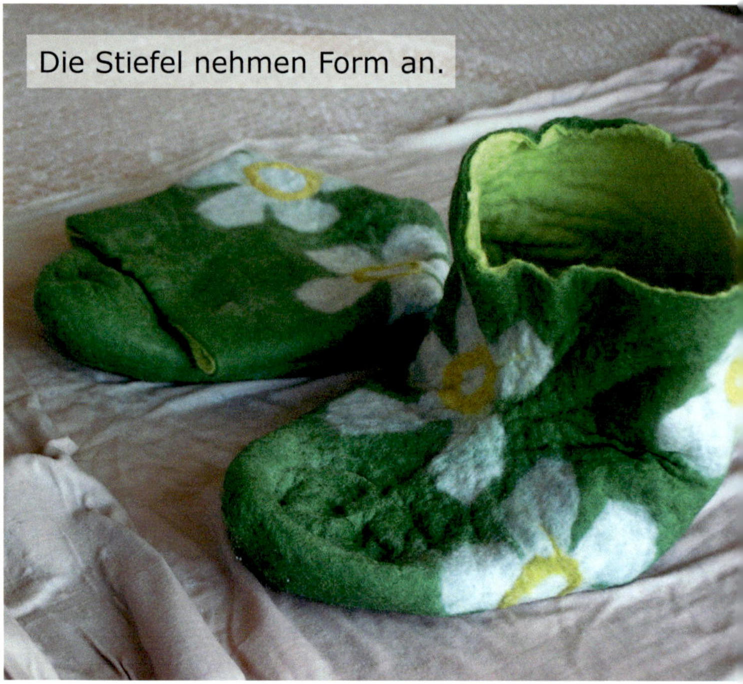

Die Stiefel nehmen Form an.

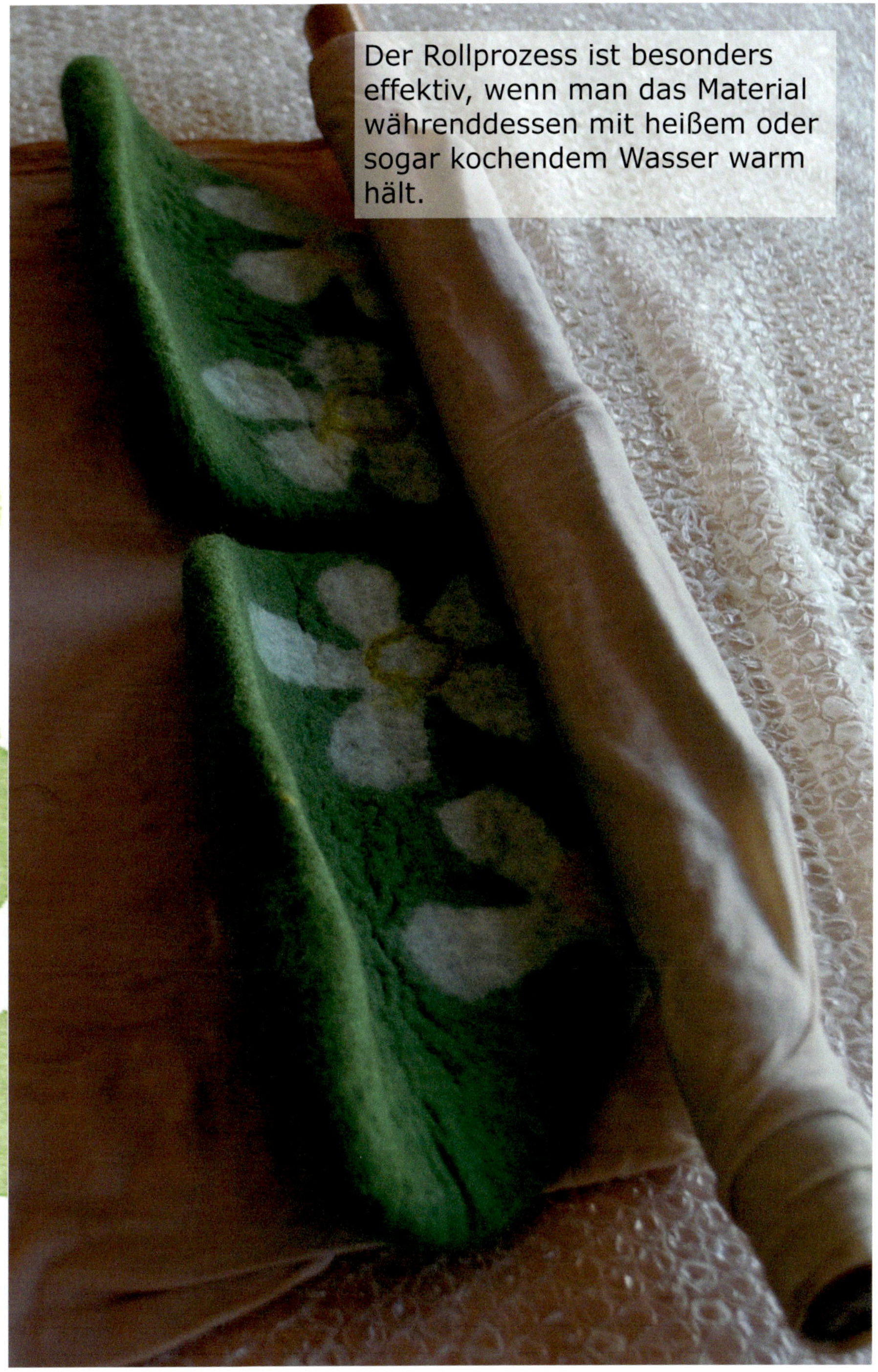

Der Rollprozess ist besonders effektiv, wenn man das Material währenddessen mit heißem oder sogar kochendem Wasser warm hält.

Ist das Material zu nass geworden, kann man das überschüssige Wasser einfach wieder auswringen.
Hierbei darauf achten, dass der Arbeitsplatz weiterhin möglichst trocken bleibt.

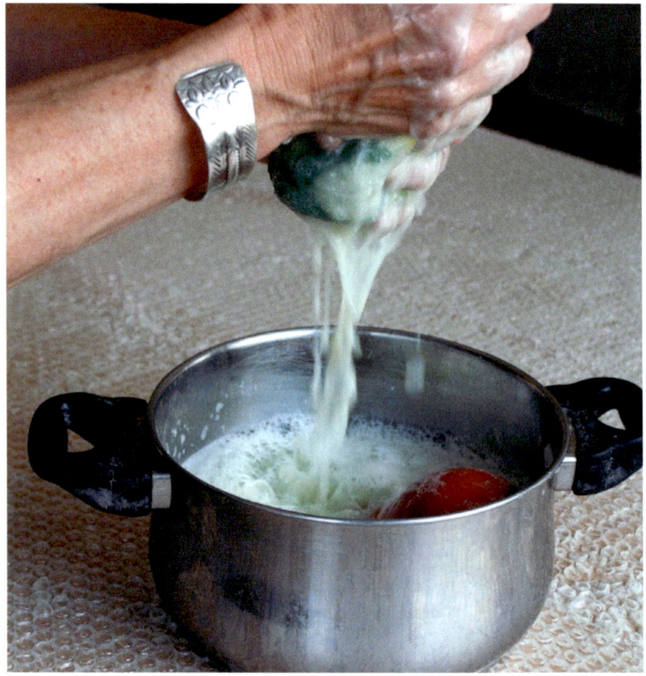

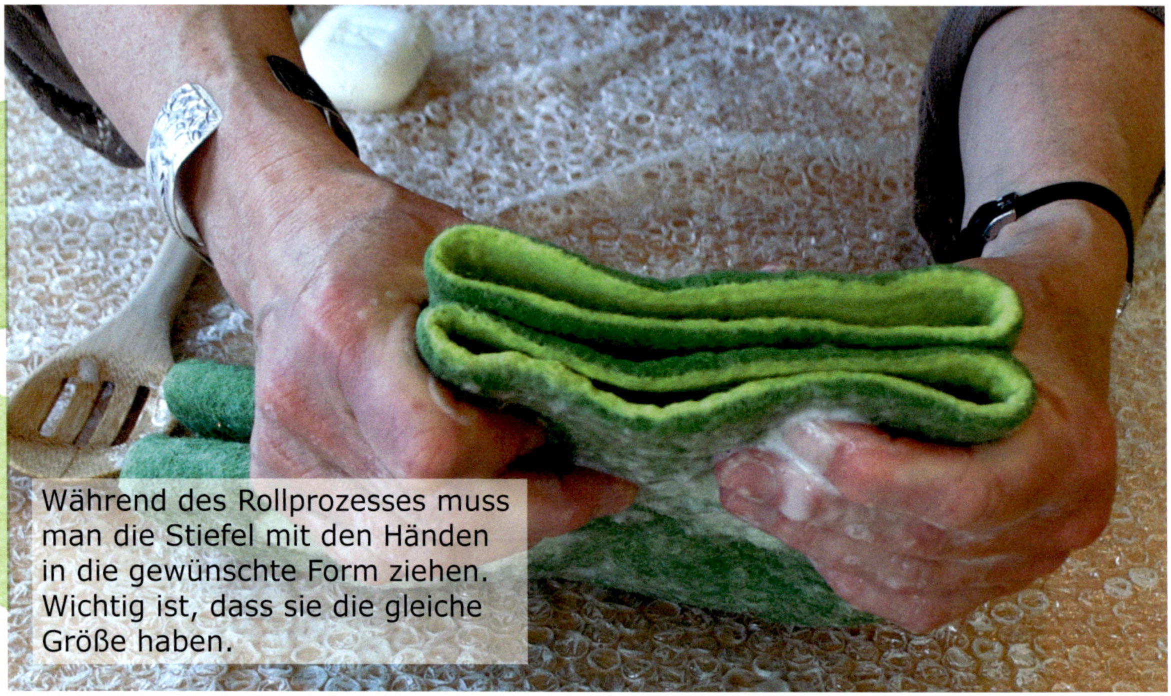

Während des Rollprozesses muss man die Stiefel mit den Händen in die gewünschte Form ziehen. Wichtig ist, dass sie die gleiche Größe haben.

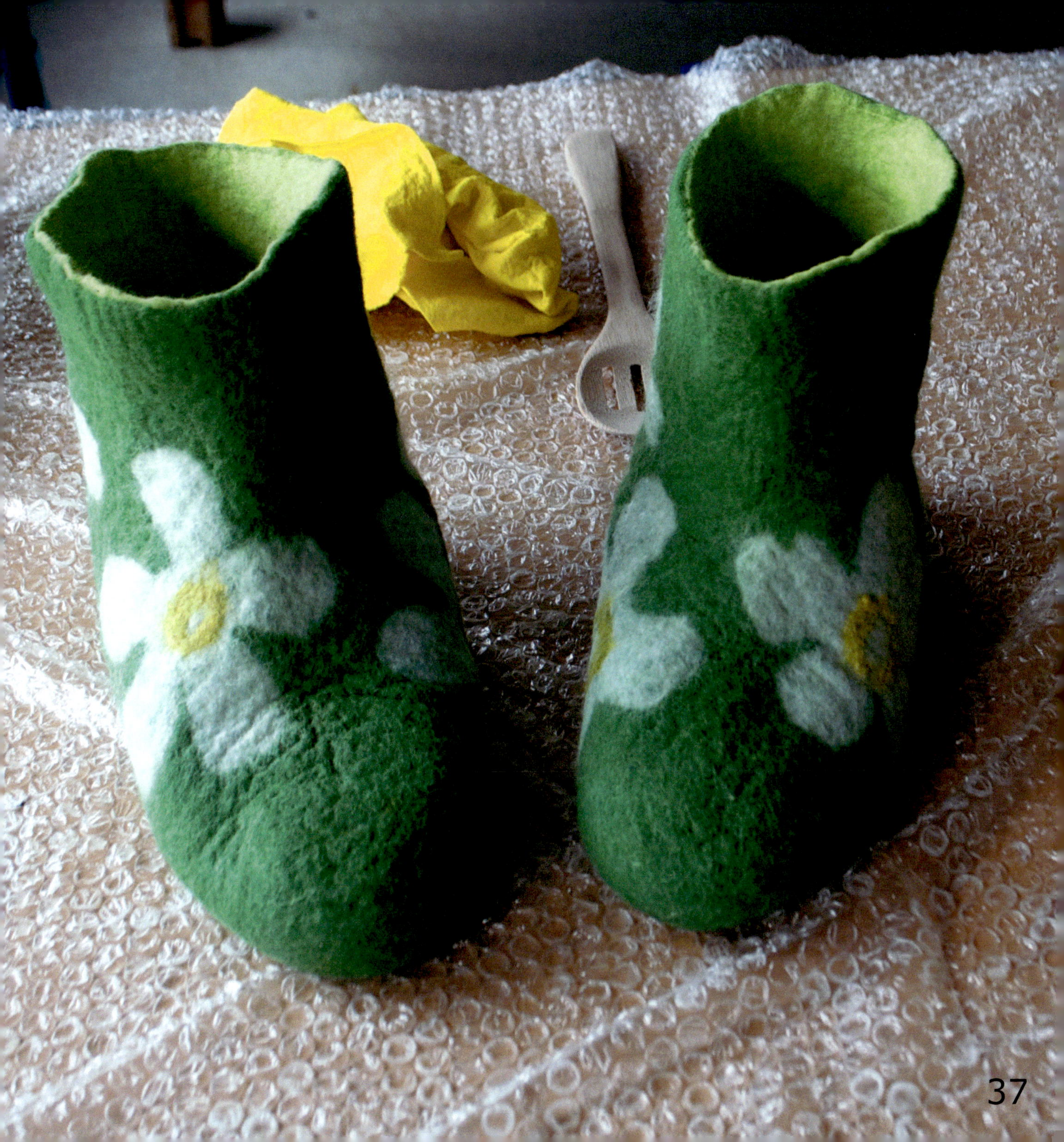

Anpassen und formen

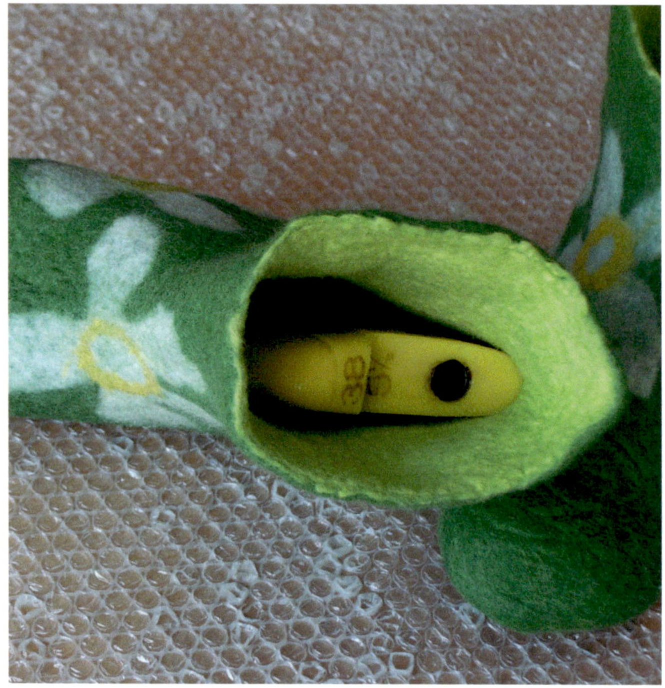

Wenn die Stiefel fast die richtige Grösse haben, müssen sie noch in die richtige Form gebracht werden. Aus diesem Grunde sollten sie jetzt auf den entsprechenden Rohling oder Füsse gesetzt werden.

Die Schuhe dann mit einem Kochlöffel solange durch Schlagen, Klopfen und Streichen bearbeiten, bis sie die richtige Passform haben.

Hierbei kann etwas Seife in der Hand oder Seifenwasser als Gleitmittel hilfreich sein.

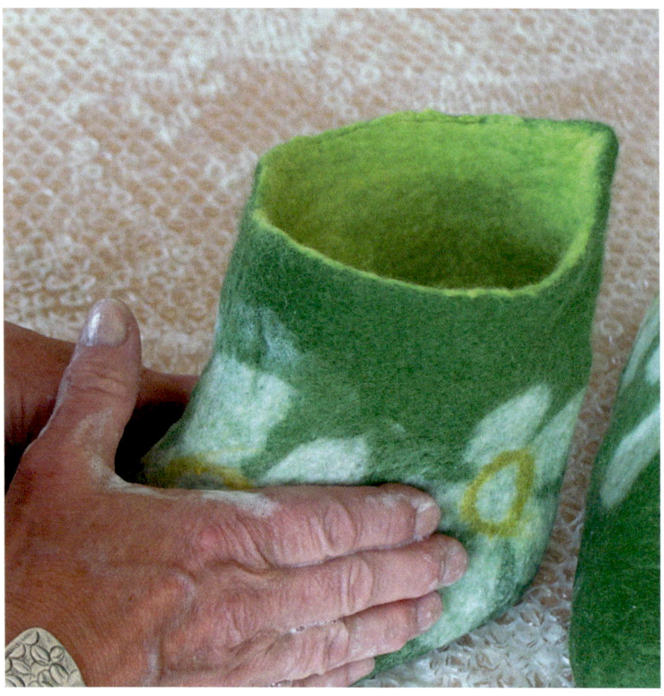

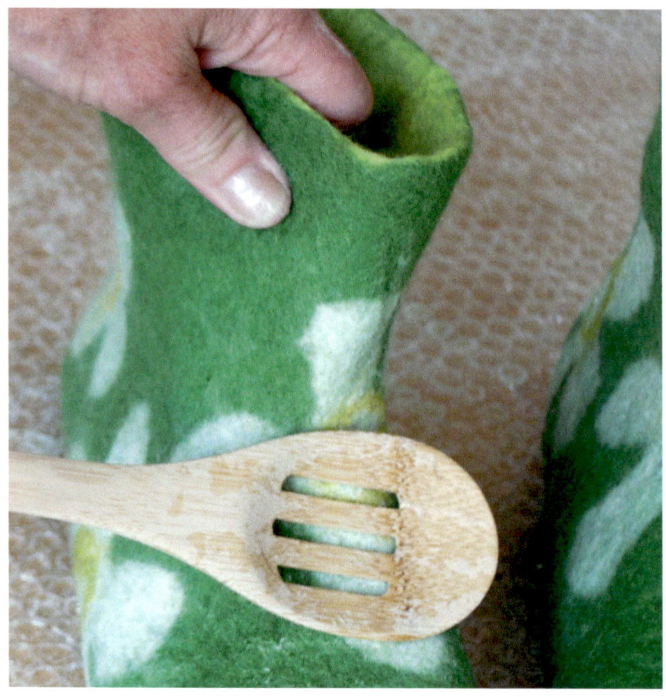

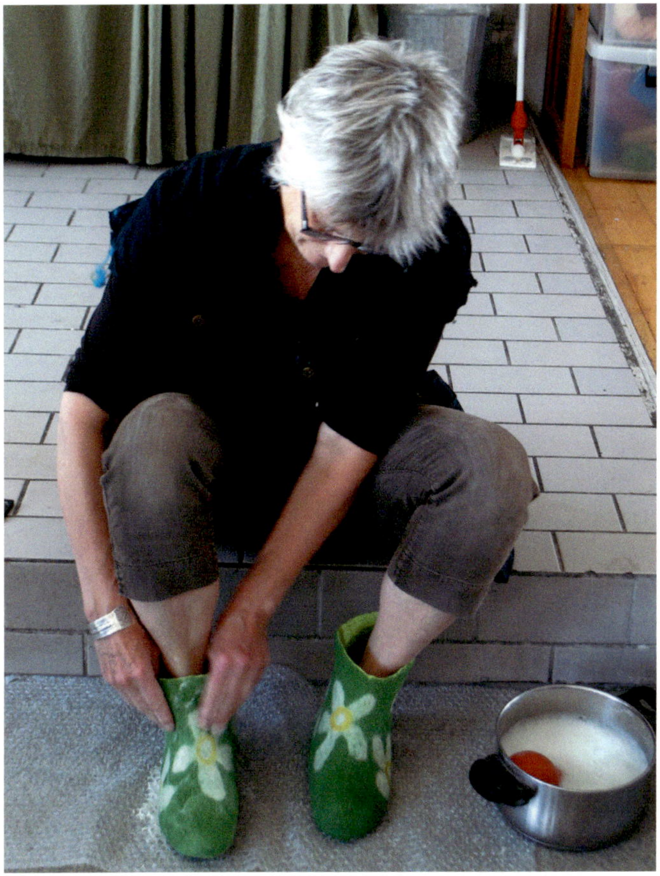

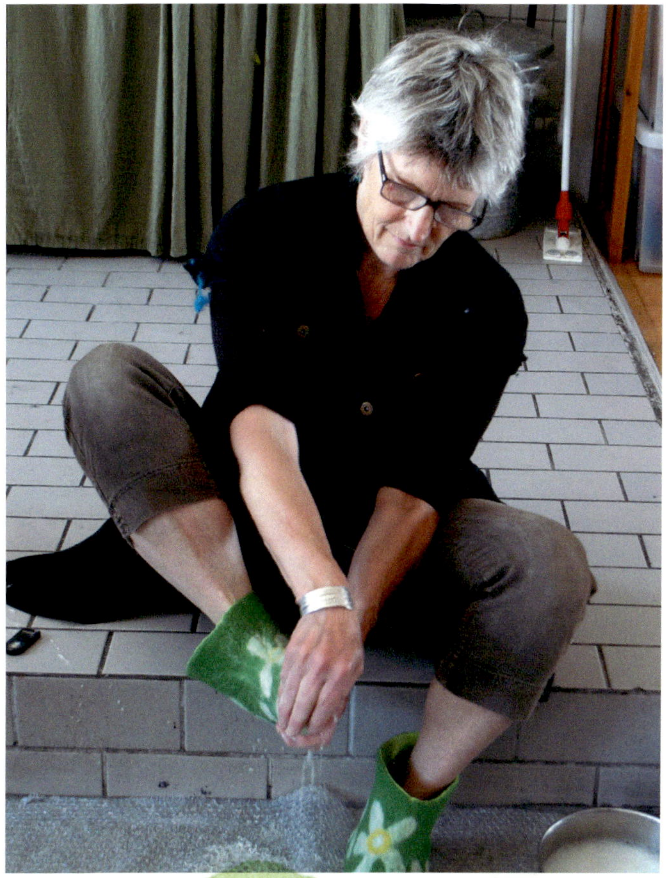

Damit der Stiefel gut sitzt, sollte man vor allem am Fußbogen, dem Fußrücken und der Ferse arbeiten.

Auch die Sohle darf nicht vernachlässigt werden.

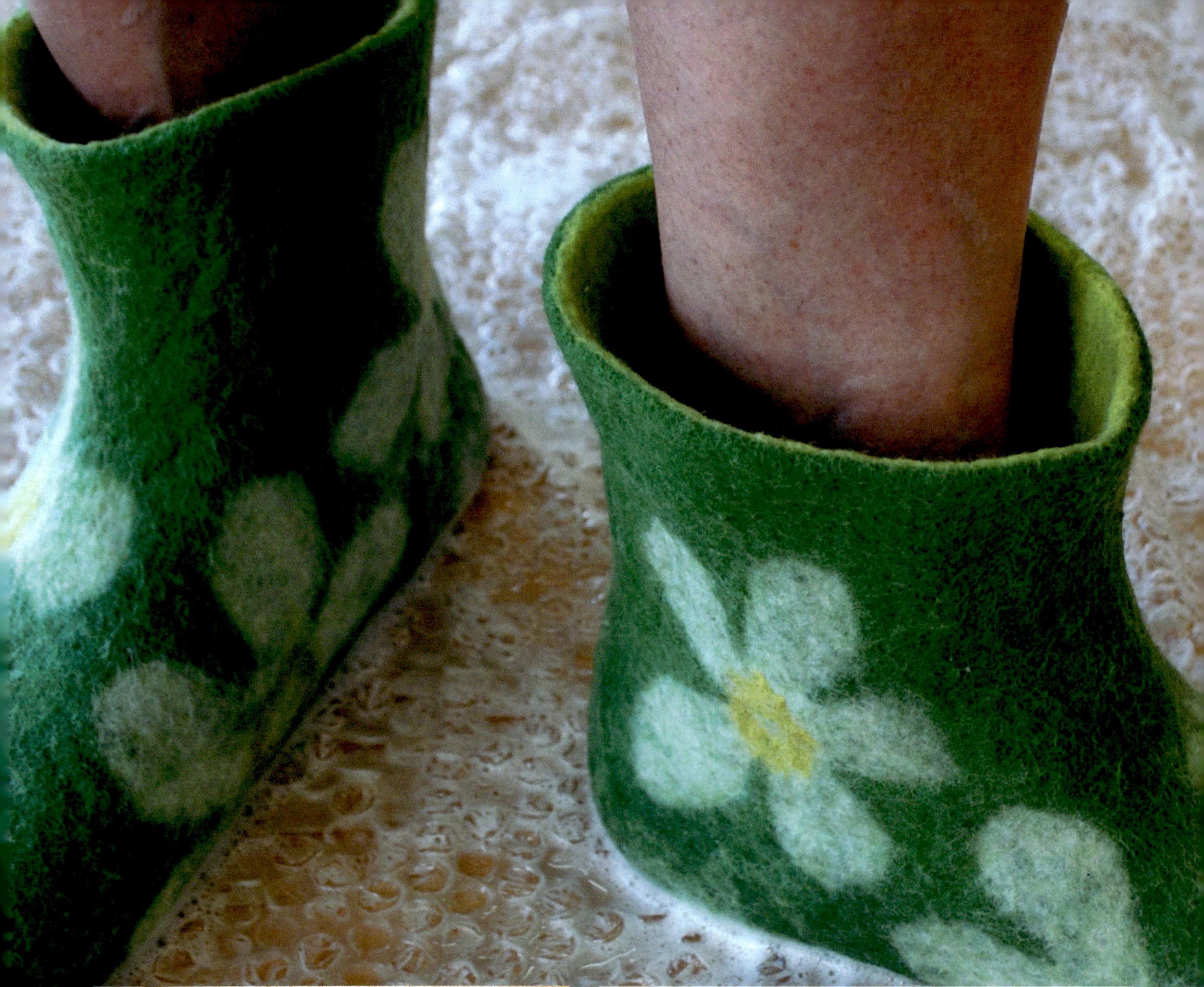

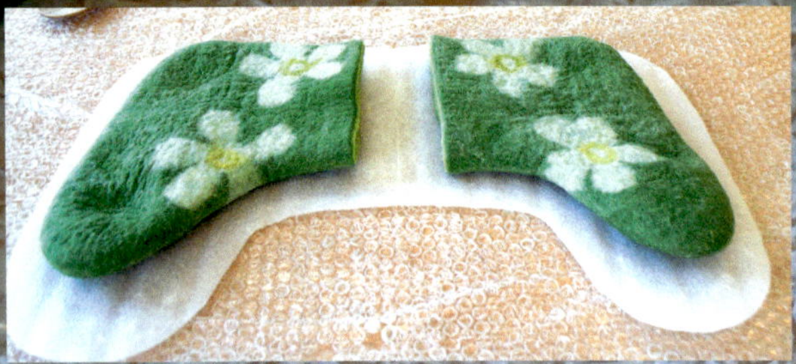

Wenn der Fuß gut im Stiefel sitzt, ist das Filzwerk fertig. Der Filz muss sich sehr fest anfühlen.
Im direkten Vergleich mit der Schablone kann man deutlich sehen, dass die Stiefel kleiner geworden sind.

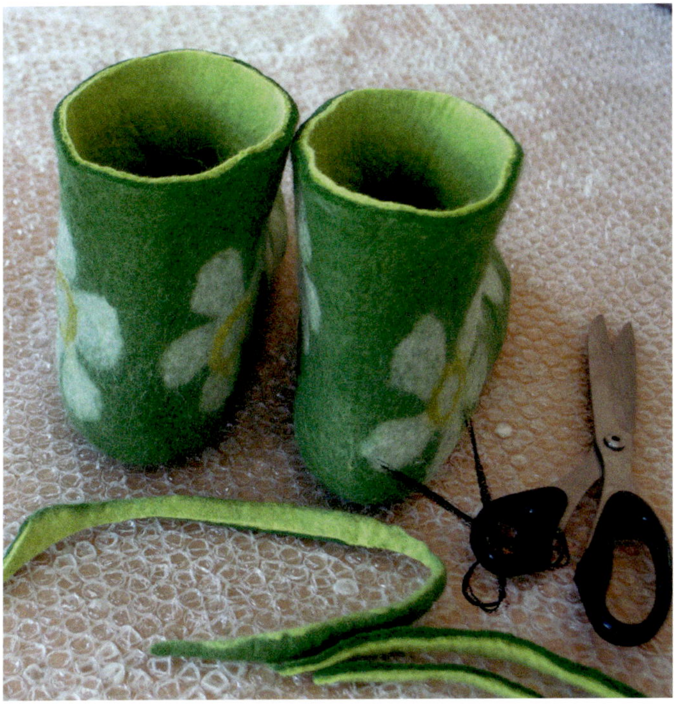

Die Kanten

Wenn man möchte, kann man die Kanten mit einer Schere begradigen und anschließend erneut filzen.

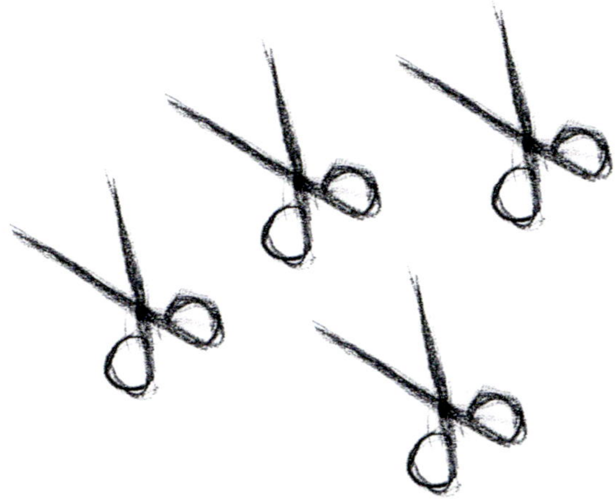

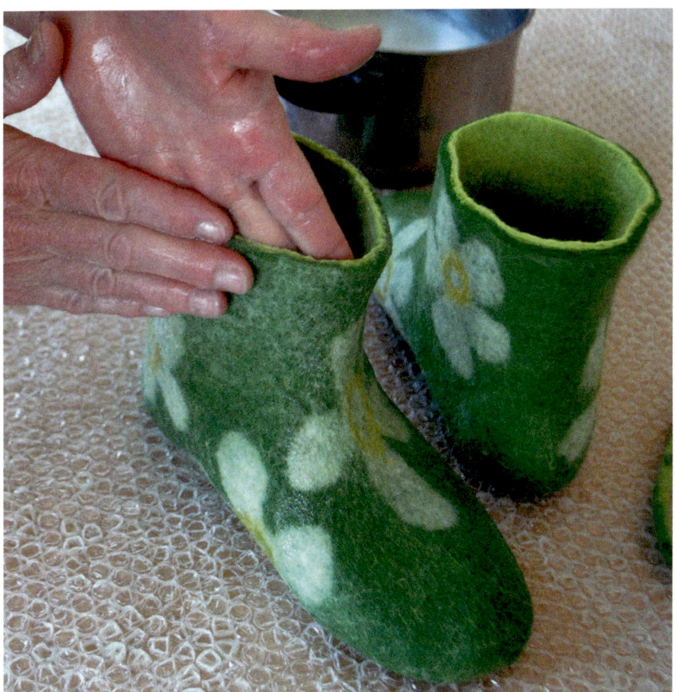

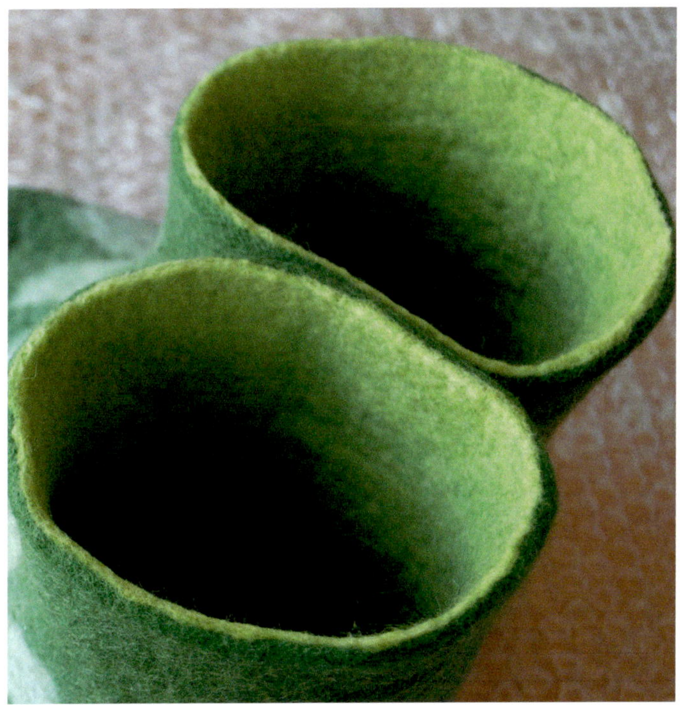

Die letzten Schritte

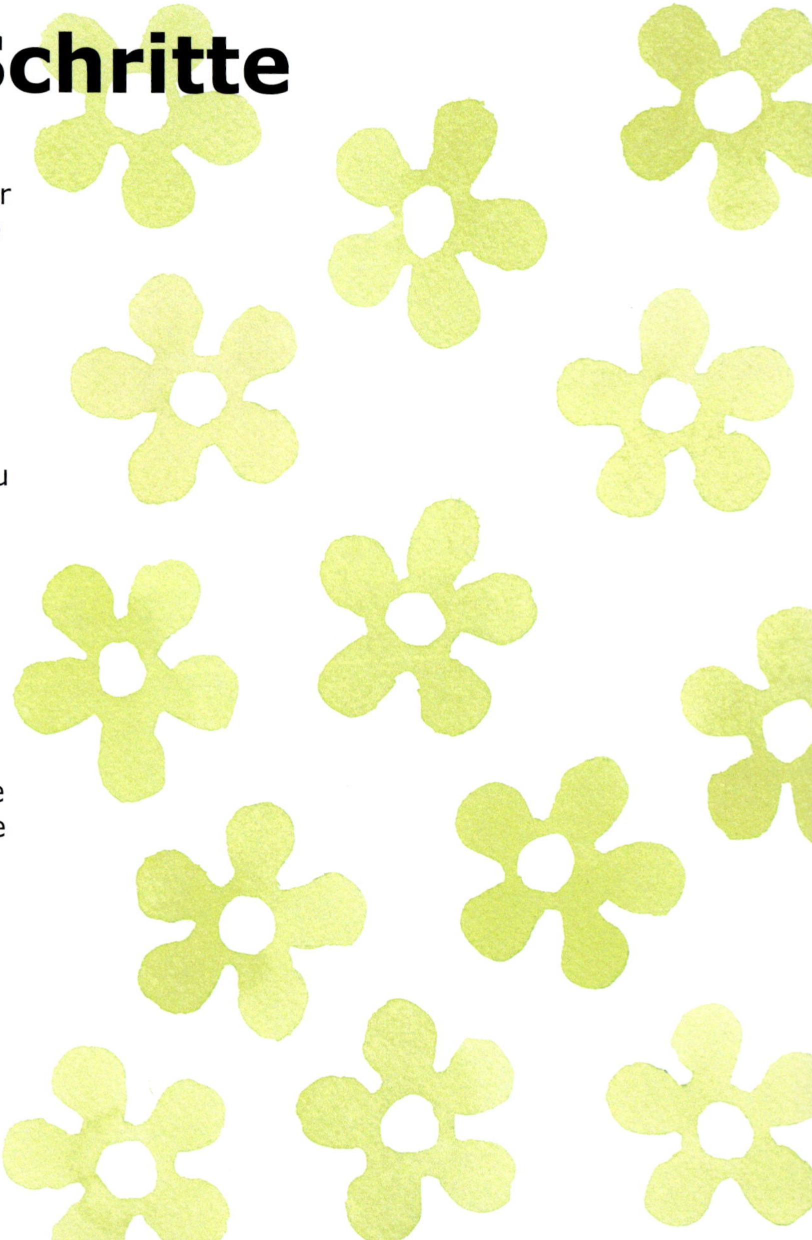

Nun müssen die Stiefel gut mit Wasser gereinigt werden um sie von der Seife zu befreien. Überschüssiges Wasser muss herausgedrückt, -gewrungen oder zentrifugiert werden. Es gibt keine anderen Möglichkeiten, als zu drücken und zu wringen.

Um Kalk und eventuelle Seifenreste zu neutralisieren, die Stiefel für etwa 10 Minuten in ein Essigbad legen. Hierfür einfach eine Schüssel mit Wasser füllen und ein paar Tropfen Essig dazugeben.

Anschließend drückt man die Stiefel in einem Handtuch aus. Es ist nicht nötig auch den Essig auszuspülen. Die feuchten Stiefel werden erneut auf die Füße gezogen und in Form gedrückt.

Hiernach die Stiefel vorsichtig ausziehen und zum Trocknen auf ein Handtuch stellen.

Wenn man die Schuhe mit zusammengeknülltem Zeitungspapier ausstopft, trocknen sie schneller.

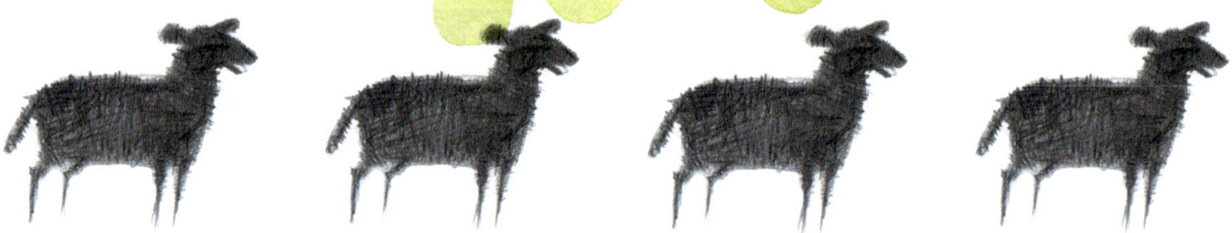

Sohlen

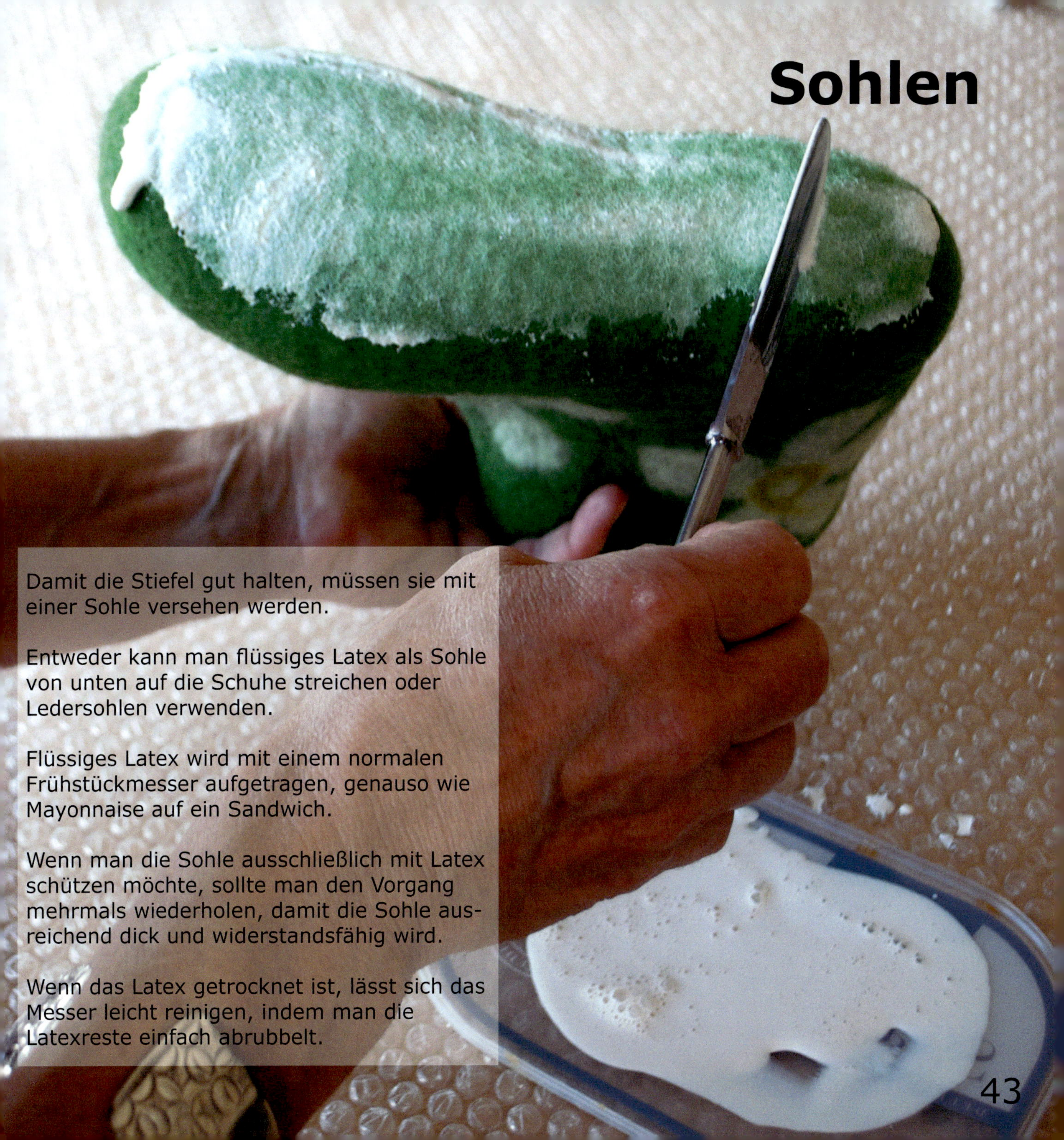

Damit die Stiefel gut halten, müssen sie mit einer Sohle versehen werden.

Entweder kann man flüssiges Latex als Sohle von unten auf die Schuhe streichen oder Ledersohlen verwenden.

Flüssiges Latex wird mit einem normalen Frühstückmesser aufgetragen, genauso wie Mayonnaise auf ein Sandwich.

Wenn man die Sohle ausschließlich mit Latex schützen möchte, sollte man den Vorgang mehrmals wiederholen, damit die Sohle ausreichend dick und widerstandsfähig wird.

Wenn das Latex getrocknet ist, lässt sich das Messer leicht reinigen, indem man die Latexreste einfach abrubbelt.

Ledersohlen

Ledersohlen sind im Vergleich zur Latex-Variante deutlich stärker und stabiler. Hierfür kann man gut Lederreste, die groß genug sind, oder Stücke von alten Lederjacken verwenden. Falls die Farbe nicht passt kann man das Leder vorher färben.

- Den Umriss der Stiefel auf Papier zeichnen. Etwa 1 cm dazugeben, weil noch Platz für die Naht vorhanden sein muss. Damit man diese später nicht am Fuß spürt, wird die Naht am Rand nach oben festgenäht.
- Die Papiersohle ausschneiden und zur besseren Orientierung markieren (rechts, links, vorne, hinten).
- Die Sohlen auf das Leder legen, die Konturen der Sohlen aufzeichnen und das Leder entsprechend ausschneiden.

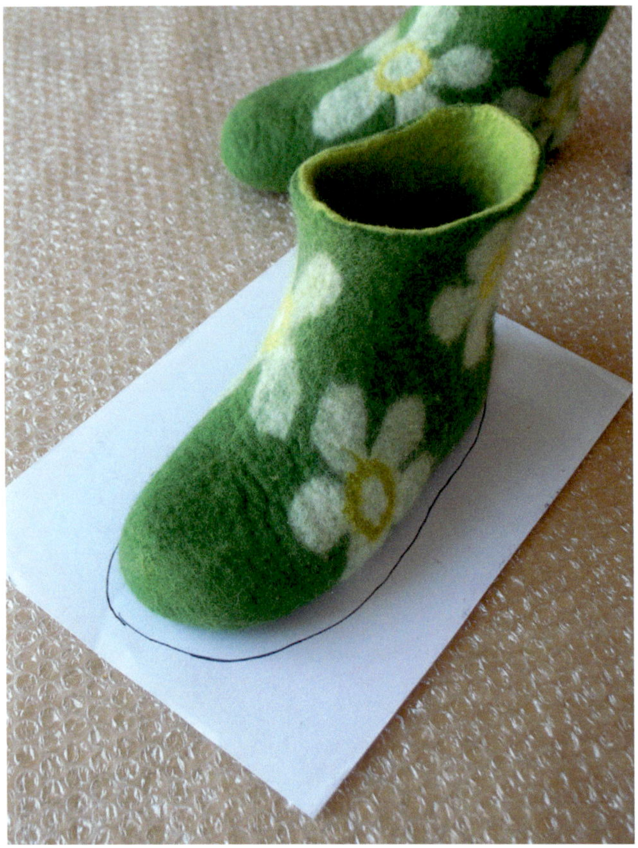

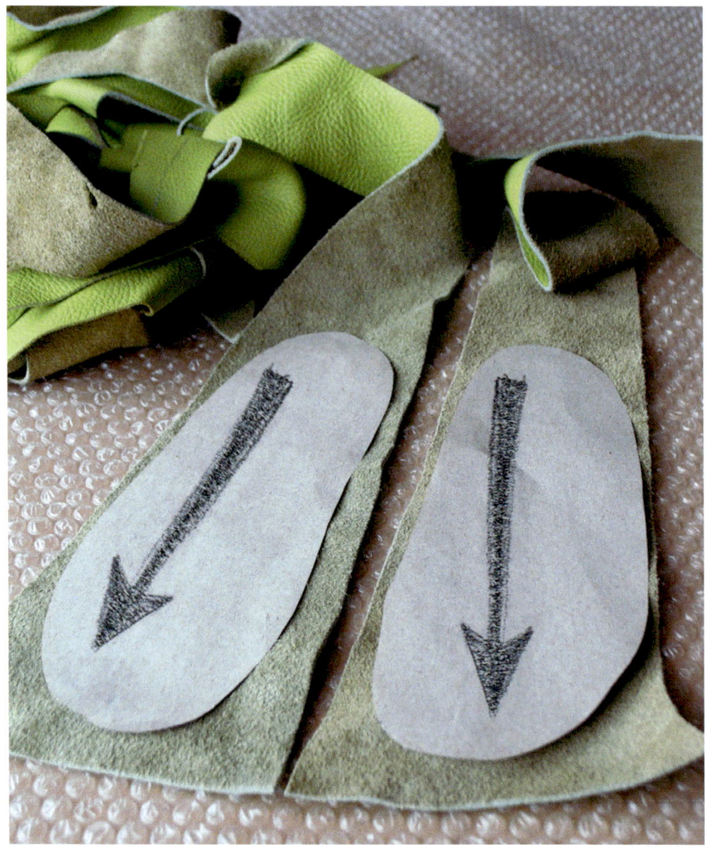

- Die Sohlen mit Latex festkleben. Sowohl den Schuh als auch die Sohle zuvor mit Latex bestreichen.

- Die Sohle fest an den Stiefel andrücken. Am besten sollte die Sohle gleich beim ersten Andrücken richtig sitzen, damit der Kleber gut hält.

- Nun werden die Ränder der Sohle rundherum fest angedrückt. Wenn sich dabei Falten im Leder bilden, kann man diese mit der Hand glattstreichen, da das Leder etwas elastisch ist.

- Wenn das Latex getrocknet ist, die Ränder der Sohle mit einer Leder-Nähnadel und gewachstem Möbelgarn festnähen.

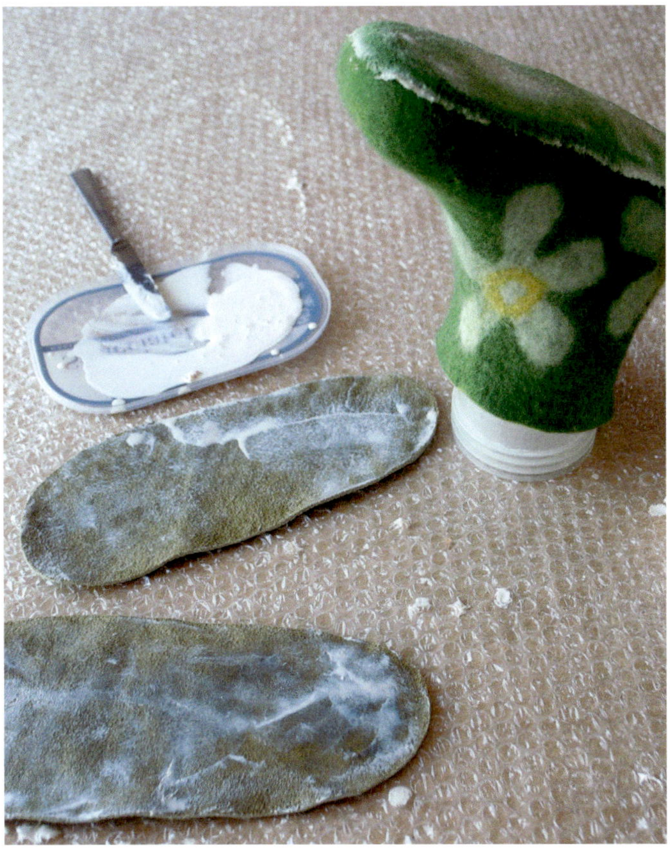

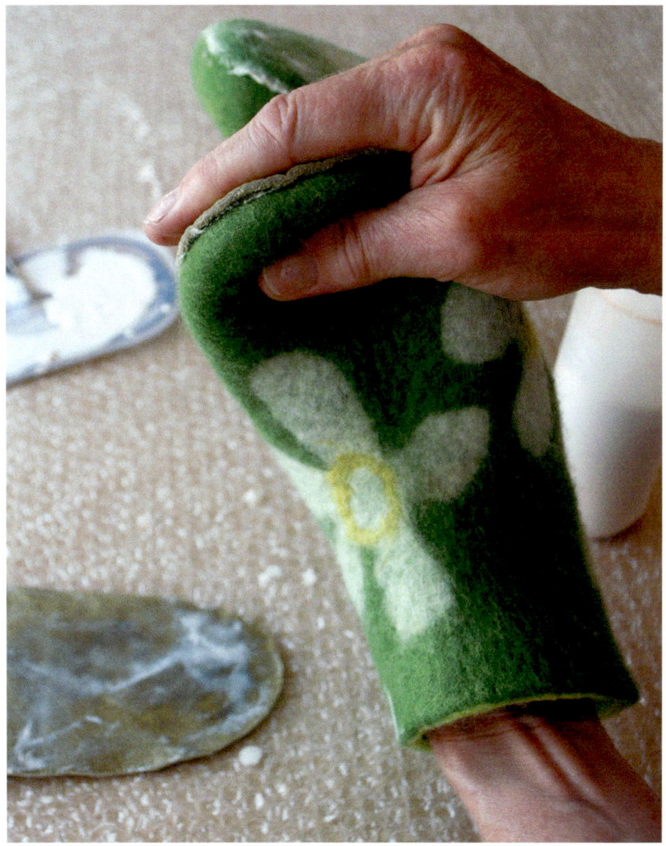

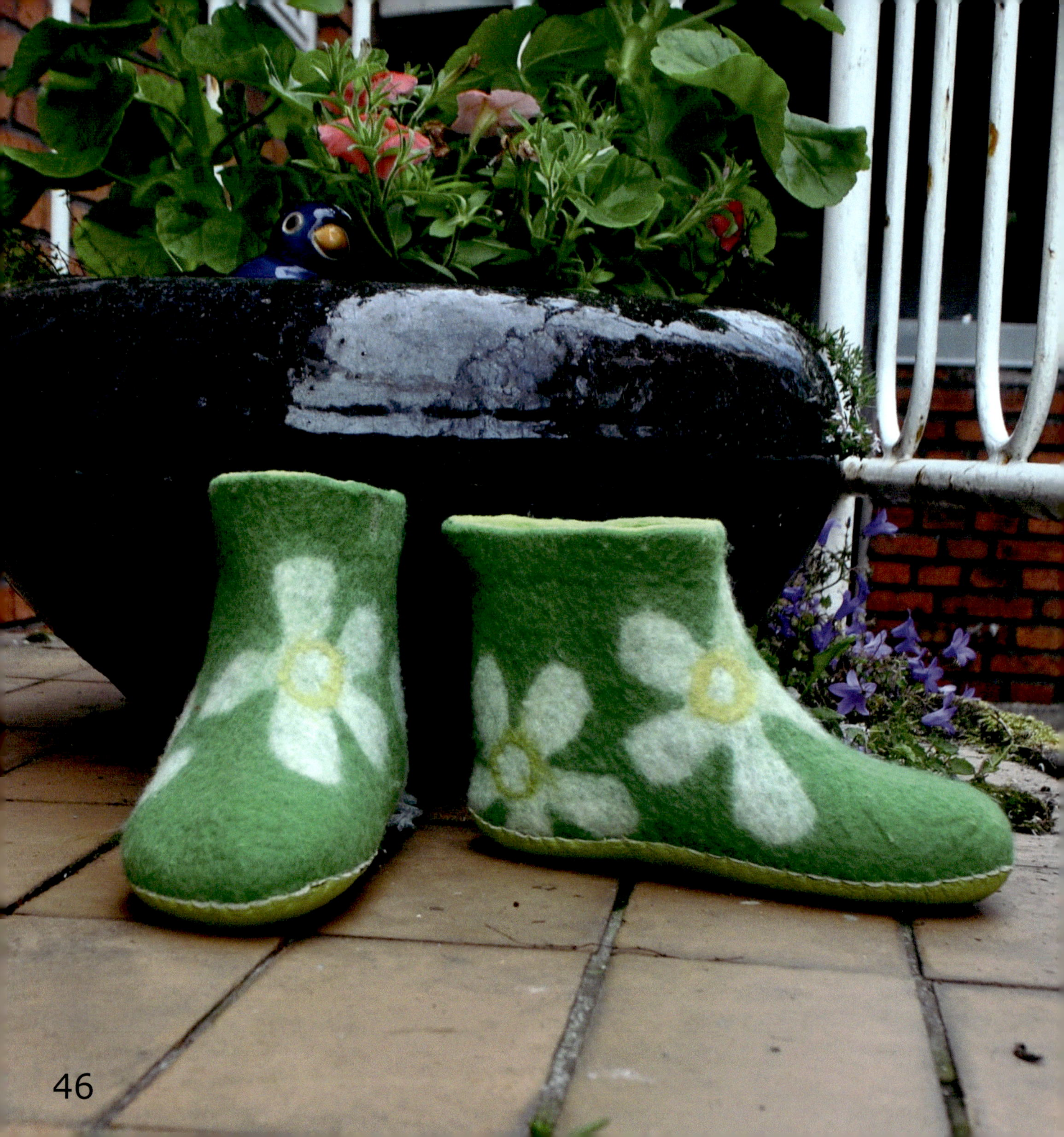

Pausen

Während des Filzens darf man sich zwischendurch ruhig die eine oder andere Pause gönnen. Wenn hierbei die Seife eindickt oder matschig wird, weil das Wasser abkühlt, kann man einfach wieder warmes Wasser hinzufügen, um mit dem Filzen fortzufahren.

Der mit Seifenwasser getränkte Stiefel kann auch bis zum nächsten Tag warten, man sollte dann jedoch zuvor so viel Wasser wie möglich auswringen (eventuell mit besagtem Netz) und den Stiefel auf Luftpolsterfolie legen, damit er gut auslüften kann.

Bei längeren Unterbrechungen (Wochen, Monate oder Jahre) ist es ratsam, die ganze Seife auszuspülen und die Stiefel trocknen zu lassen, bevor man sie wegpackt. Voraussetzung hierfür ist jedoch, dass der Filzprozess schon weit fortgeschritten ist, damit die Arbeit beim Ausspülen nicht kaputt geht.

Motten

Filzwolle ist naturgemäß unbehandelt, Filz ist somit nicht gegen Motten oder andere Schädlinge geschützt.

Werden die fertigen die Stiefel über einen längeren Zeitraum nicht benutzt, bewahrt man sie am besten in einer Plastiktüte auf. Dasselbe gilt für die Filzwolle.

Sollten die Motten dennoch ein Weg zum Filz finden, kann es erforderlich sein, Mottengift einzusetzen. Im Falle einer kleinen Invasion kann man die befallenen Filzprodukte in den Gefrierschrank legen, da Motten eine warme Umgebung bevorzugen. Falls dennoch einige Eier die Kälte überlebt haben sollten, kann man den Gefrierprozess wiederholen.

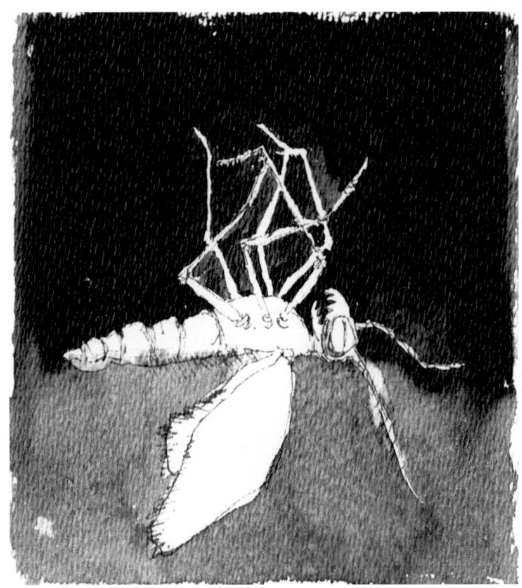

Weitere Literatur

Um das Thema Filzen ranken sich viele Mythen.

So wird erzählt, dass auch auf der Arche Noah gefilzt wurde. Während der Sintflut sollen die Tiere so sehr geschwitzt haben, dass einige davon ihr Fell verloren haben. Als sie schließlich auf dem Berg Ararat an Land gingen, soll auf dem Boden im Inneren der Arche ein dicht gefilzter Teppich gelegen haben.

In einer anderen Geschichte ist vom heiligen Clemens, dem Schutzpatron der Hutmacher, die Rede sowie vom heiligen Christophorus, dem Schutzpatron der Reisenden. Beiden Heiligen wird die Entdeckung des Filzens nachgesagt. Auf ihrer Flucht und mit wunden Füßen sollen sie Wollflusen von Schafswolle aufgesammelt haben, die an Büschen und Sträuchern hängengeblieben waren. Die Wolle sollen sie dann in ihre Sandalen gestopft haben, um diese damit zu polstern. Später stellten sie fest, dass aus den losen Wollbüscheln Filzschuhe geworden waren. (M.E. Burkett)

Es gibt archäologische Funde, die beweisen, dass schon lange vor der Christlichen Zeit gefilzt wurde. Es besteht allerdings auch kein Zweifel daran, dass die Legenden keine akurate Entstehung des ersten Filzens berichten. Dennoch enthalten diese Geschichten Fakten. In allen Erzählungen kommen die drei wesentlichen Dinge vor, die man zum Filzen braucht: Vlieswolle, Feuchtigkeit und Bewegung. Zusätzlich wird in den Geschichten der Filz zufällig entdeckt, was wahrscheinlich auch stimmt.

Es gibt zahlreiche Literatur über das Filzen, die die geschichtlichen und ethnologischen Hintergründe dieser uralten Handwerkskunst näher beleuchtet. Auch die Eigenschaften der Wolle mit Hinblick auf das Filzen finden darin Erwähnung. Hier ist eine kleine Auswahl:

M.E. Burkett:
THE ART OF THE FELT MAKER
© M.E. Burkett 1979
ISBN 0 9503335 1 4

Susan Brown, Andrew Dent,
Christine Martens and Mathilda McQuaid:
FASHIONING FELT
© 2009 Smithsonian Institute
ISBN 978-0-910503-89-1

Außerdem gibt es viele inspirierende Bücher voller Ideen und unterschiedlichster Filz-Methoden, die man leicht im Internet oder im Fachhandel finden kann.